陇东学院乡村振兴研究院 "陕甘宁革命老区乡村振兴" 专项课题研究成果

中国模式

革命老区乡村人才振兴探究

马永祥　　邵姝静◎著

光明日报出版社

图书在版编目（CIP）数据

革命老区乡村人才振兴探究 ／ 马永祥，邵姝静著．

北京：光明日报出版社，2024.7. -- ISBN 978－7－5194－

8135－3

Ⅰ. F320. 3

中国国家版本馆 CIP 数据核字 2024XQ3768 号

革命老区乡村人才振兴探究

GEMING LAOQU XIANGCUN RENCAI ZHENXING TANJIU

著　　者：马永祥　邵姝静	
责任编辑：李壬杰	责任校对：李　倩　贾　丹
封面设计：中联华文	责任印制：曹　净

出版发行：光明日报出版社

地　　址：北京市西城区永安路 106 号，100050

电　　话：010-63169890（咨询），010-63131930（邮购）

传　　真：010-63131930

网　　址：http：//book. gmw. cn

E － mail：gmrbcbs@ gmw. cn

法律顾问：北京市兰台律师事务所龚柳方律师

印　　刷：三河市华东印刷有限公司

装　　订：三河市华东印刷有限公司

本书如有破损、缺页、装订错误，请与本社联系调换，电话：010-63131930

开　　本：170mm×240mm			
字　　数：166 千字		印　　张：12	
版　　次：2025 年 1 月第 1 版		印　　次：2025 年 1 月第 1 次印刷	
书　　号：ISBN 978－7－5194－8135－3			
定　　价：85. 00 元			

总　序

在脱贫攻坚取得全面胜利以后，我国"三农"工作重心历史性地转向全面推进乡村振兴，并朝着共同富裕的目标不断迈进。实施乡村振兴战略，是党中央从党和国家事业全局出发、着眼于实现"两个一百年"奋斗目标、顺应亿万农民对美好生活的向往做出的重大决策，是新时代"三农"工作总抓手，是关系全面建设社会主义现代化国家的全局性、历史性任务。

民族要复兴，乡村必振兴。党的十八大以来，以习近平同志为核心的党中央坚持把解决好"三农"问题作为全党工作的重中之重，不断推动"三农"工作理论创新、实践创新和制度创新，农业农村发展取得了历史性成就，发生了历史性变革，为党和国家事业开创新局面奠定了坚实的基础。乡村振兴，既要塑形，也要铸魂。在这一新的历史背景下，乡村社会和民众的内生动力日益凸显出来。当前学术界对于乡村振兴重要论述的研究主要集中在其生成逻辑、理论内涵与实践路径等方面，但是以马克思主义"三农"思想为指导，镜鉴和超越发展经济学相关理论，深入研究中国特色社会主义乡村振兴道路的理论成果相对较少。

革命老区是党和人民军队的根，是中国人民选择中国共产党的历史见证。而大部分革命老区位于多省交界地区，很多仍属于欠发达地区。为加大对革命老区的支持力度，近年来国务院出台的《国务院关于新时代支持革命老区振兴发展的意见》和国家发展和改革委员会公布的国务院批复的《"十四五"特殊类型地区振兴发展规划》等多个涉及革命老区振兴的指导性文件，实施部署了一批支持措施和重大项目，助力革命老区如期打赢脱贫攻坚战，持续改善基本公共服务，发挥特色优势推进高质量发展，为全面建成小康社会做出了积极贡献。

陕甘宁革命老区是党中央和中国工农红军长征的落脚点，又是八路军奔赴抗日前线的出发点。这里曾是老一辈无产阶级革命家战斗和生活的地方，是爱国主义、革命传统和延安精神教育基地。随着新一轮西部大开发的深入推进和全面建设小康社会进程加快，陕甘宁革命老区发展面貌发生了巨大变化。陕甘宁革命老区生态地位重要、土地资源丰富，但由于水资源匮乏，生态环境整体脆弱。区域内大部分地区属于典型的黄土高原丘陵沟壑区，山、川、塬兼有，沟、岽、梁相间，地貌类型多样，虽然拥有子午岭、玉华山等大片原始次生林，是国家重要的生态屏障，但土地、荒滩、沙地面积大，年均降雨量只有200～500毫米，人均水资源总量仅为全国平均水平的15%，在乡村振兴战略实施方面与东部地区相比，发展不平衡的问题十分明显。

作为地处陕甘宁革命老区的普通高校，陇东学院坚守建设西部高水平应用型本科院校办学定位，努力建设与区域经济社会发展良性互动的高水平应用型大学。陇东学院乡村振兴研究院着眼于解决陕甘宁革命老区农村经济发展相对滞后、现代产业体系尚未形成、高效交通网络仍需完善、基本公共服务水平有待提高、振兴发展所需人才短缺等发展难题，着力探索健全促进农村经济发展长效机制、推动城乡融合、发展特色产业、完善政策体系，持续增强内生发展动力，不断增进民生福祉，开拓乡村振兴发展新局面。

为更好地把握陕甘宁革命老区乡村振兴战略的发展走向，更好地增强新时代做好革命老区"三农"工作的历史主动性，陇东学院乡村振兴研究院设立了"陕甘宁革命老区乡村振兴"专项研究课题，本套丛书正是课题研究的阶段性成果，共分为五本，分别研究老区乡村产业、人才、文化、生态、组织振兴方面的问题。希望本套丛书能够为陕甘宁革命老区乡村振兴战略更好实施，贡献我们的智慧。由于团队水平有限，加之研究工作受到新冠疫情干扰，很多调研工作不深入，书中难免出现谬误，敬请专家和读者批评指正。

陇东学院院长　辛刚国

2023 年 8 月

序

　　马克思主义认为，人力资源是所有资源中最宝贵的资源，人是生产力诸要素中最积极、最活跃的因素，是价值创造的主体。党的二十大指出，教育、科技、人才是全面建设社会主义现代化国家的基础性、战略性支撑，实施科教兴国战略，强化现代化建设人才支撑，培养造就大批德才兼备的高素质人才是国家和民族长远发展大计。功以才成，业由才广。

　　乡村振兴战略总要求五个方面目标的实现均离不开人才支持，能否有效实现乡村振兴关键在人才。建设现代人才培养体系，培养符合时代需要的人才，是全面推进农业农村现代化建设的关键所在，也是新时代建设社会主义现代化国家的重大历史任务。明确乡村人才振兴指导思想及目标任务，构建新型乡村人才振兴体制机制，全方位、多层次加强乡村人才队伍建设，为乡村振兴提供智力支持，助力现代化国家建设，这是新时代中国式现代化建设的关键。

　　陕甘宁革命老区位于陕西省、甘肃省和宁夏回族自治区三省交界处，为建立新中国发挥了重要作用。陕甘宁革命根据地是党中央和各路红军部队长征的落脚点，是八路军主力挺进抗日的出发点，成为土地革命战争时期一块硕果仅存的根据地。由于该地区受自然环境和资源条件的约束，发展动力不足，社会经济发展明显滞后，最明显的是人才流失严重，缺乏高素质的人才。基于上述原因，作者以陕甘宁革命老区为研究地域范围，以乡村人才振兴为研究对象，详细分析了陕甘宁革命老区人才振兴现状、面临的主要问题及其成因，创新陕甘宁革命老区乡村人才振兴体制机制，凝练出独具特色、因地制宜、切实可行的陕甘宁革命老区乡村人才振兴路径，为陕甘宁革命老区乡村人才振兴提供理论支持，为实现农业农村现代化提供有益参考。

全书共分为六章。一、二、三章由邵淑静老师完成，四、五、六章由马永祥教授完成，全书由马永祥教授统稿。第一章乡村人才振兴研究基础部分主要阐述了乡村人才振兴的背景、研究意义、乡村人才振兴的内涵、乡村人才振兴的相关理论；第二章主要选择国内成功的乡村人才振兴典型案例，汲取其成功经验；第三章重点从人口素质的视角分析了陕甘宁革命老区乡村人才振兴的现状；第四章主要阐述了陕甘宁革命老区乡村人才振兴存在的问题及其成因；第五章重点研究陕甘宁革命老区乡村人才振兴体制机制创新；第六章重点提出陕甘宁革命老区乡村人才振兴的路径选择，构建科学合理的乡村人才建设体系。

本书立足人力资源资本化理论，密切结合陕甘宁革命老区乡村人才建设基础和实际需要进行研究。研究思路清晰，结构安排合理，语言表达流畅，观点明确，通俗易懂。本书研究成果为乡村振兴工作者提供有益参考，为乡村振兴研究者提供理论借鉴。由于作者能力水平有限，书中难免存在不足之处，请广大读者批评指正。

目　录
CONTENTS

第一章

乡村人才振兴研究基础

第一节　乡村人才振兴背景

实施乡村振兴战略，是党的十九大做出的重大决策部署，十九届五中全会指出，坚持把解决好"三农"问题作为全党工作重中之重，走中国特色社会主义乡村振兴道路，全面实施乡村振兴战略，强化以工补农、以城带乡，推动形成工农互促、城乡互补、协调发展、共同繁荣的新型工农城乡关系，加快农业农村现代化。党的二十大明确指出，农业农村现代化是新时代全面建设社会主义现代化国家的重大历史任务。[①]乡村振兴战略包括产业振兴、人才振兴、文化振兴、生态振兴和组织振兴五个层面，其中人才振兴是乡村振兴的关键因素。千秋基业，人才为本。乡村振兴，人才先行。若没有一支符合"三农"发展需要的乡村人才队伍，全面贯彻落实乡村振兴就是纸上谈兵。因此，2017 年 10 月18 日，习近平总书记在中国共产党第十九次全国代表大会上审时度势地提出打造一支"懂农业、爱农村、爱农民"的乡村人才工作队伍。2018 年 12 月，习近平在"三农"工作的重要指示中，再次重申乡村人

[①] 卓婧. 数字农业经济视角下的农林特色乡村文创人才培养模式探索 [J]. 武夷学院学报，2022（11）：99-103.

才队伍建设的重要性。2019 年，中央一号文件进一步指出，建立"三农"人才队伍培养、配备、管理、关爱的激励政策，积极引导各类人才投身乡村建设。2021 年 2 月，中共中央办公厅、国务院办公厅印发了《关于加快推进乡村人才振兴的意见》，进一步细化了乡村人才振兴的指导思想、目标任务与工作原则，加快培养农业生产经营人才，农村二、三产业发展人才，乡村公共服务人才，乡村治理人才，农业农村科技人才五类人才充分发挥各类主体在乡村人才培养中的作用，与此同时，提出建立健全乡村人才振兴体制机制，积极贯彻落实人才保障措施，全方位、多层次保障乡村人才队伍建设，助力乡村振兴战略落地生根。

一、社会经济发展背景

（一）城镇化水平稳步提升

城镇化是人口不断向城镇集聚的过程。城镇化是现代化发展的必由之路，持续推进城镇化是有效破解"三农"难题的基本途径，是促进区域协调发展的动力引擎，是扩大内需的关键环节，是促进产业升级的主要路径，对全面建成小康社会、实现社会主义现代化具有重大的现实意义和深远的历史意义。2002 年，中共十六大提出"走中国特色的城镇化道路"；2007 年，中共十七大提出"按照统筹城乡、布局合理、节约土地、功能完善、以大带小的原则，促进大中小城市和小城镇协调发展"；2012 年，中共十八大提出"新型城镇化"战略，从国家层面积极部署新型城镇化建设；2013 年 12 月，在北京召开中央城镇化工作会议，会议进一步明确了推进城镇化的指导思想、主要目标、基本原则、重点任务，从战略全局上做出了一系列重大部署；2014 年 3 月，发布《国家新型城镇化规划（2014—2020 年）》；2017 年，中共十九大报告明确指出，坚持新发展理念，实现新型工业化、信息化、城镇化、农业现代化并驾齐驱。2011 年是城镇化具有历史意义的一年，该年第一次出现了城镇人口超过农村人口的现象，城镇化率为 51.27%，至 2020 年，我国城镇化率更是高达 63.89%，我国城镇化水平稳步提升，城镇化的程度、深度和广度得到了有效发展，逐步向高质量城镇化推进。但是，户籍制度的存在致使一部分农村居民进入城市后并未享受到与城市居民同等的福利待遇，导致户籍人口城镇化率与常住人口城镇化率不一致。2001 年，我国户籍人口城镇化率为 26.68%，常住人口城镇化率 37.66%，两者相差 10.98%；2020 年，我国户籍人口城镇化率为 45.4%，常住人口城镇化率 63.89%，两者相差高达 18.49%。因此，近年来我国持续推进户籍制度改革，以求高质量推动我国城镇化进程。

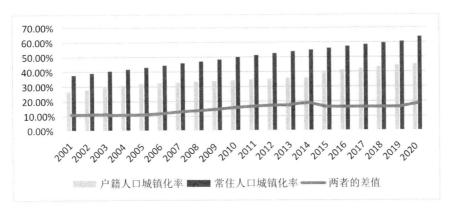

图 1-1 2001—2020 年我国户籍人口和常住人口城镇化率

数据来源：2001—2014 年的户籍人口城镇化率数据来自《国家新型城镇化报告 2015》，2015—2020 年数据来自相应年份的统计年鉴

（二）城乡差距日益明显

1. 城乡居民收入差距

改革开放以来，我国经济取得了举世瞩目的成绩，但收入差距也随

之扩大。城乡居民收入差距的持续扩大成为经济生活的一个突出问题，也成为农业发展、农村变美的瓶颈因素。从图 1-2 可以看出，2002—2020 年，我国城镇居民人均可支配收入与农村居民人均可支配收入均呈持续上升态势。2002 年，我国城镇居民人均可支配收入为 7703 元，农村居民人均可支配收入为 2476 元，到 2020 年，我国城镇居民人均可支配收入为 43834 元，农村居民人均可支配收入为 17132 元，城镇居民人均可支配收入增加近 6 倍，而农村居民人均可支配收入增加近 7 倍，城乡居民人均可支配收入显著提升。[①] 但同时，我们也应注意到，2002 年，绝对城乡收入差距为 5227 元，2020 年，绝对城乡收入差距扩大为 26702 元，绝对城乡收入差距逐年递增，这意味着我国城乡居民收入差距也在逐年增大。图 1-2 详细地刻画了城乡收入差距的变化趋势，将其大致划分为两个阶段进行对比分析。2002—2009 年，该阶段城乡收入比呈现无规律的波动趋势，初期的波动上升可能是由于我国农产品价格调控政策与亚洲金融危机。2010—2020 年，该阶段，我国人口红利

图 1-2　2002—2020 年我国城乡居民人均可支配收入

① 葛晶. 推进沈阳城乡经济协同发展的对策研究 [J]. 辽宁经济管理干部学院学报，2022（1）：12-14.

进一步缩小，与此同时，全力推进新农村建设，积极促进现代农业发展，农民收入显著提高，城乡收入比逐年下降，从 2009 年的 3.33 下降至 2020 年的 2.56，但与国际相比，我国城乡收入比仍然较大。此外，若考虑城镇居民所享有的隐性福利（例如：社会保障、社会补贴、便利地公共设施等），我国的城乡收入比将会更大。

2. 城乡医疗卫生差距

我国卫生费用城乡分配严重不均，医疗卫生资源主要倾斜于城市。从绝对值看，如图 1-3 所示，我国城市卫生费用与农村卫生费用均呈现逐年上升的态势，2000 年，我国城市卫生费用为 2624.2 亿元，农村卫生费用为 1962.4 亿元，2016 年，我国城市卫生费用增加到 35458.01 亿元，农村卫生费用增加到 10886.9 亿元，城市卫生费用增长近 14 倍，而农村卫生费用仅增长了 5.5 倍，这意味着我国城乡医疗卫生的差距越来越大。具体来说，2000 年，城市卫生费用是农村卫生费用的 1.3 倍，2001—2010 年，城乡卫生费用差距逐年增大，到 2010 年甚至上升到 3.5 倍，2011 年，城市卫生费用为 15508.6 亿元，占比 76.3%，而农村卫生费用为 4471.8 亿元，占比仅 23.7%，由此可见，卫生费用仍然主要流向了城市。2009 年 3 月 17 日，中共中央、国务院向社会公布关于深化医药卫生体制改革的意见，我国开始了针对"看病难、看病贵"问题的新医改。实施新医改后，城乡卫生费用差距有所降低，但 2014 年城乡卫生费用差距仍高达 2.8 倍，且 2015 年与 2016 年，差距进一步扩大，2015 年为 3.2 倍，2016 年为 3.3 倍，因此，我国城乡卫生费用仍存在较大的差距。

除了城乡卫生费用分配不均外，我国城乡之间医疗卫生人力资源的差距则更为明显。从全国情况看，我国城乡医疗卫生人员数量普遍呈逐年上升趋势。2003 年，我国城市每千人口卫生技术人员为 4.88 人，执业（助理）医师为 2.13 人，注册护士为 1.59 人；农村每千人口卫生技

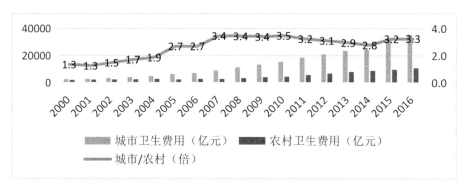

图 1-3　2000—2016 年我国城乡卫生费用

术人员为 2.26 人,执业(助理)医师为 1.04 人,注册护士为 0.5 人。
2020 年,我国城市每千人口卫生技术人员为 11.46 人,执业(助理)
医师为 4.25 人,注册护士为 5.40 人;农村每千人口卫生技术人员为
5.18 人,执业(助理)医师为 2.06 人,注册护士为 2.10 人。但从城
乡对比层面分析,我国城乡医疗卫生人力资源的差距较为明显,具体而
言,2003—2020 年,城市每千人口卫生技术人员是农村卫生技术人员
的 2 倍多,城市每千人口执业(助理)医师是农村执业(助理)医师
的 1 倍多,城市每千人口注册护士是农村注册护士的 3 倍多,详见图
1-4。显而易见,医疗人力资源大多流向了城市,农村医疗卫生人员较
为匮乏,城乡差别显著。

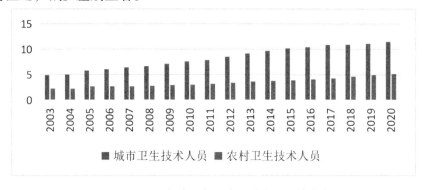

图 1-4　2003—2020 年我国每千人口城乡卫生技术人员数量

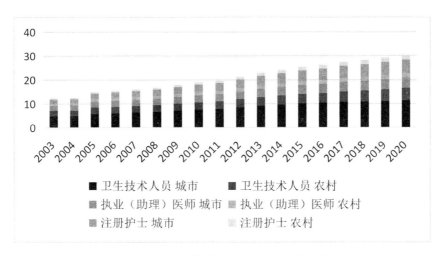

图 1-5　2003—2020 年我国每千人口城乡卫生技术人员构成

3. 城乡教育水平差距

"百年大计，教育为本。"教育是一个国家发展的基石，是促进经济发展、推动社会进步、提高国际竞争力的关键力量。近年来，在党和国家的正确领导下，我国基础教育得到全面发展，国民素质显著提升，为进一步发展高等教育，培养人才奠定了坚实的基础。2014 年，我国小学在校学生总数为 94,510,651 人，其中城镇小学在校学生为 64,012,039 人，农村小学在校学生为 30,498,612 人。2020 年，我国小学在校学生总数为 107，253，532 人，其中我国城镇小学在校学生为 82,748,717 人，农村小学在校学生为 24,504,815 人。2014—2020 年，我国小学在校学生总数稳步提升，增加了 12,742,881 人，其中城镇小学在校学生增加了 18,736,678 人，而农村小学在校学生却减少了 5,993,797 人。这表明，我国城镇小学在校学生总数逐年递增，而农村小学在校学生总数呈逐年递减的态势，城乡在校学生绝对差逐步增大，图 1-6 形象地刻画了我国城乡小学在校学生数量的变化趋势。"教育大计，教师为本"，教师是人类灵魂的工程师、是人类文化的传递者、是教育工作的主导者，教师的重要性毋庸置疑。2014 年，我国小学专任教师总数为 5,633,906 人，其中城镇小学专任教师数量为 3,517,936 人，农村小学专任教师数量为 2,115,970 人。2020 年，我国小学专任教师总数为 6,434,178 人，其中城镇小学专任教师数量为 4,646,706 人，农村小学专任教师数量为 1,787,472 人。2014—2020 年，我国小学专任教师总数稳步提升，增加了 800,272 人，其中城镇小学专任教师增加了 1,128,770 人，而农村小学专任教师反而减少了 328,498 人，在图 1-7 中可以直观清晰地看到城乡专任教师的变化趋势，这意味着农村大量的专任教师流失，城乡教育水平差距日益突出。

图 1-6　2014—2020 年我国城乡小学在校学生数量

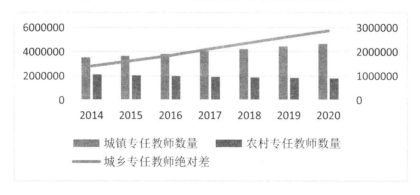

图 1-7　2014—2020 年我国城乡小学专任教师数量

（三）人口素质大幅提升

1964 年，全国第二次人口普查数据显示，每 10 万人拥有大学文化程度的人口数为 416 人，全国的文盲率高达 33.58%，人口素质普遍较低。1982 年，全国第三次人口普查数据显示，每 10 万人拥有大学文化程度的人口数为 615 人，虽然每 10 万人拥有大学文化程度的人数增加幅度不高，但全国的文盲率大幅下降至 22.81%。国家逐步认识到国民素质对于经济发展、社会进步的重要性，1986 年 4 月 12 日，第六届全国人民代表大会第四次会议通过了《中华人民共和国义务教育法》，国家开始实行强制性、公益性、统一性的九年制义务教育，并于 1986 年 7 月 1 日开始正式实施义务教育。因此，1990 年，全国第四次人口普查数据中，每 10 万人拥有大学文化程度的人口数是 1982 年的 2.3 倍，且随着义务教育在全国各地区的普及，全国文盲率下降至 15.88%，人口素质逐渐提升。1992 年，国企开始了大刀阔斧的改制，长期亏损、经营不善的国企纷纷倒闭，政府开始裁汰冗员，国企改制致使国企不像原来那样无条件地接收大学生，人们所津津乐道的"铁饭碗"工作正悄然发生改变。因此，1996 年，国家开始了双向选择、自由择业的试点，到 1998 年，大学生毕业由国家分配工作的制度基本取消。与此同时，20 世纪 90 年代初期，我国经济过热，通货膨胀较为严重，国家开始实施积极的软着陆政策对经济进行降温，通货膨胀率由 1994 年的 24.1%下降至 1996 年的 8.3%，但经济增速也大幅放缓，我国国内需求疲软。众多因素共同作用，导致国内出现了大量的失业人群，1997 年全国下岗人员高达 2115 万人。基于此，为解决经济增长缓慢与失业问题，1999 年，教育部出台的《面向 21 世纪教育振兴行动计划》，开始逐步实施扩大普通高校本专科院校招生人数的教育改革政策。当年招生人数增加 51.32 万人，招生总数达 159.68 万人，增长速度达到史无前例的

47.4%。2000 年，全国第五次人口普查数据中，每 10 万人拥有大学文化程度的人口数大幅增长，是 1964 年的近 9 倍，文盲率也显著降低至 6.72%。随后，2000 年的扩招幅度为 38.16%，2001 年为 21.61%，2002 年为 19.46%，到 2003 年，中国普通高校本专科生在校人数已超过 1000 万。

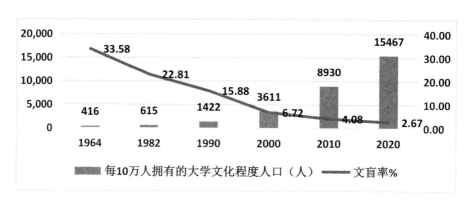

图 1-8 历次人口普查每 10 万人拥有大学文化程度的人口数

20 世纪 80 年代初期，全国高等教育毛入学率仅为 2%～3%，经过扩招计划的实施，全国高等教育毛入学率上涨为 15%，国民学历逐步提升，国民素质显著提高，逐步缩小了与发达国家的差距，我国已初步进入大众化教育的阶段。2010 年，全国第六次人口普查数据中，每 10 万人拥有大学文化程度的人口呈现飞跃式发展，每 10 万人中有 8930 人拥有大学文化程度，文盲率降低至 4.08%。改革开放以来，经过 40 多年波澜壮阔的发展，2010 年我国终于赶超日本，成为仅次于美国的世界第二大经济体。经济的高速发展对国民素质提出了新的要求，因此，越来越多的人开始步入高等教育的大门。2013 年，我国各类高等教育学生总规模高达 3460 万人，高等教育毛入学率达到 34.5%。2019 年高职扩招 100 万人，全国各类高等教育在学总规模 4002 万人，高等教育毛入学率 51.6%。2020 年，第七次全国人口普查数据中，每 10 万人拥有大学文化程度的人口高达 15467 人，占比 15.5%，与 2010 年相比，增加了 6537 人，增长 73%，文盲率进一步降低至 2.67%。我国迈入高等教育普及化阶段，人口素质得到更进一步提升。西方发达国家需要 30 多年才能实现高等教育由大众化发展到普及化的过程，而我国仅仅用了 17 年便完成了这"漫长且艰难的过程"。2021 年，高等教育在校生规模超过 3300 余万人，实现近 300 倍的增长。

（四）城乡人口分布不均

1953 年，全国第一次人口普查数据显示，乡村人口 505,346,135 人，城镇人口为 77,257,282 人，乡村人口是城镇人口的 6.5 倍。1964 年，全国第二次人口普查数据显示，乡村人口 563,674,335 人，城镇人口为 127,103,041 人，经过多年的发展，城镇人口有所增长，但乡村人口依然占绝对优势，城镇人口比重仅为 18.4%。1968 年，全国掀起了知识青年上山下乡运动的热潮，1969 年是上山下乡运动最为波澜壮阔的一年，共有 267 多万知青投身其中，1975 年，我国上山下乡的知青已达到 1200 万。此外，中共中央和国务院于 1962 年 12 月 18 日发出了《关于认真提倡计划生育的指示》，我国迎来了第二个出生高峰，人口数量显著增长。1982 年，全国第三次人口普查数据显示，乡村人口 796,268,612 人，与第二次人口普查相比，乡村人口增加 232,594,277 人，乡村人口增速明显；城镇人口为 206,588,582 人，城镇人口比重较第一次与第二次人口普查有所上升，为 20.6%。1982 年，中共中央、国务院明确提出"允许农民进城开店、设坊、兴办服务业、提供各种劳务"的经济政策，农民工从此出现，"民工潮"也由此而来。因此，1990 年，全国第四次人口普查数据显示，乡村人口为 833,919,116 人，城镇人口为 296,512,111 人；乡村人口增加 37,650,504 人，城镇人口增加 89,923,529 人，城镇新增人口比乡村新增人口多 52,273,025

人；乡村人口增速为4.7%，而城镇人口增速为43.5%。随着城镇基础设施的逐步完善，教育、医疗就业等资源的聚集，越来越多的人选择进城生活，乡村人口数量逐渐下降，而城镇人口数量稳步提升。2000年，全国第五次人口普查数据显示，乡村人口为807,390,000人，城镇人口为455,940,000人；虽然乡村人口数量仍是城镇人口数量的1.77倍，但乡村人口首次出现负增长，与第四次人口普查相比乡村人口数量减少26,529,116人，而城镇人口稳步增长159,427,889人，增长53.77%。随着我国城镇化步伐的加快，2010年，全国第六次人口普查中，乡村人口数量与城镇人口数量基本持平，城镇人口比重上升为49.68%。随着经济的发展与社会的进步，城乡差距日益扩大，更多的人选择在城镇享受教育、医疗、就业、服务等，导致乡村人口外流严重，乡村"空心化"现象频发。2020年，第七次全国人口普查数据中，城镇人口数量首次超过乡村人口数量，城镇人口为901,991,162人，乡村人口为509,787,562人，城镇人口数量比乡村人口数量多392,203,600人，城镇人口比重高达63.89%。

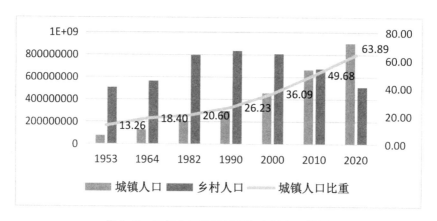

图1-9 历年人口普查城镇与乡村人口数量

（1E+09是科学计数法，1E+09表示1×10^9，由EXCEL表格自动生成）

二、国家政策背景

随着工业化与城镇化的日益推进,"三农"问题越发突出,乡村振兴战略为解决"三农"问题提供了新的思路。人才振兴作为乡村振兴的关键因素,国家日益认识到人才振兴对于破解"三农"难题的重要意义,不断出台相应的人才政策,积极引导人才回乡实现乡村振兴。据不完全统计,2000年至2022年2月,国家层面共发布了384份提及"乡村人才"的文件,2008年1月至2022年2月,国家共发布了299份涉及"乡村人才"的文件(中华人民共和国中央人民政府官方网站仅公开统计了2008年及之后的政策文件),详细的文件发布情况详见图1-10。

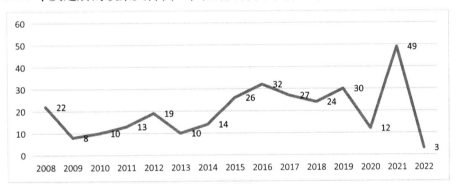

图1-10 2008年1月至2022年2月有关"乡村人才"文件数量变化情况

依据"乡村人才"文件发布数量、国家重要会议等节点,我国乡村人才发展政策可分为初步探索期(2000—2011年)、发展巩固期(2012—2017年)、全面推进期(2018年至今)三个阶段。每个阶段的政策有其独特的时代性,总体特征主要表现在三方面。第一,乡村人才政策的涉及面更广、综合性更强。2004—2021年,连续18年"中央一号文件"都紧紧围绕"三农"问题展开,着重解决农民、农业、农村的难点、重点问题。在乡村人才政策的初步探索期,国家乡村人才政策主要侧重于农村基层干部培养、乡村人才队伍建设、农业科技推广、农民技能培训等方面；在乡村人才政策发展巩固期，伴随着"三农"工作的提质增效，这一阶段国家政策更加契合"三农"发展的需要，不仅持续扩大农业科技推广、加强农民技能培训，还实施了"增派科技特派员制度""提升乡村教育水平，壮大乡村教师队伍"等政策；党的十九大报告提出实施乡村振兴战略后，"三农"发展进入快车道，农业强、农民富、农村美成为现阶段"三农"发展的目标。因此，在乡村人才政策的全面推进期，国家政策的涉及面更广，不单是基层干部、农业科技人员、乡村教师，而是包含农业生产经营人才，家庭农场经营者，农村二、三产业发展人才，乡村公共服务人才，乡村治理人才，农业农村科技人才的全方位促进"三农"发展综合人才体系，政策涉及范围更广、适用主体也更加全面（具体政策详见表1-1）。第二，乡村人才政策的内容更加具体，有针对性。在初步探索期，国家政策较为宏观，并未针对某个乡村人才主体推行相应的政策，2005年实施的"百万中专生计划"，2006年的"三支一扶"以及2008年的"大学生村官"政策，极大地充实了乡村人才队伍，开启了人才下乡建设乡村的步伐；发展巩固期的乡村人才政策更加具体明确，2013年农业农村部印发《全国农业科技创新能力条件建设规划（2012—2016年）》的通知、2015年国务院办公厅关于印发《乡村教师支持计划（2015—2020年）》的通知以及《关于进一步加强乡村医生队伍建设的实施意见》，多方面促进乡村人才发展；在全面推进期，国家乡村人才政策更具整体性与层次性，逐步构建起全方位的乡村人才政策体系。第三，乡村人才政策制定部门协同机制更加完善。纵观乡村人才政策的发文机关，在初步探索期，单一部门发文占比75.8%，而三个及以上部门联合发文的比例仅为5%，发展巩固期的联合发文比例稍有提高。而在全面推进期，三个及以上部门联合发文的比例上升为20%，国家逐步认识到政策制定协同机制的重要性，改变昔日单一部门的"孤军奋战"，采取各部门的"分工合作"与"齐心协力"，共同为解决"三农"问题建言献策。

表1-1 国家政策中关于乡村人才的情况梳理

颁布时间	文件名称	农业生产经营人才	农业农村科技人才	乡村治理人才	乡村公共服务人才（教师、卫生、文化旅游体育人才）
2003-12-31	2004年中央一号文件	①A	③C④G	⑥A	——
2004-12-31	2005年中央一号文件	①A	③A	⑥A	⑧A⑨A
2006-2-21	2006年中央一号文件	①A②C	③A、C、D④G	⑤B⑥H	⑦J⑧A、E、J⑨E、J
2007-1-29	2007年中央一号文件	①A②E	③C④G	⑤B、D⑥B	⑧A、J⑨A、J
2008-1-30	2008年中央一号文件	①A、B、C②A、C	③C④G	⑤D、H⑥B、C、D、E	⑦A、F、J⑧H⑨E
2008-12-31	2009年中央一号文件	①A②A、C、E	③A④D、E、H	⑤A、D、H⑥F、H	⑦C⑧H
2009-12-31	2010年中央一号文件	①A②C	③A、G④F	⑤B、D⑥D	⑦A、C、J⑧F、J⑨E、J
2010-12-31	2011年中央一号文件	——	③E④B、D、H、J	⑥B、H、I	——
2012-2-1	2012年中央一号文件	①A、C、I②A、E	③G、I④C、E、I	⑤B⑥F	——
2012-12-31	2013年中央一号文件	①A②A、C、G	③H④H、I	⑤H⑥H、I	⑦C、J⑧H
2014-1-19	2014年中央一号文件	①A②A	③G、H④G	⑤H⑥H、I	——
2015-2-1	2015年中央一号文件	①A②ACE	③C、G、H④C、J	⑤D、H、I⑥H	⑦C、H⑧H⑨C
2015-12-31	2016年中央一号文件	①A、E、F②C、E	③C、H④E、F	⑤D、I⑥F	⑦E、F
2016-12-31	2017年中央一号文件	①A②A、C、E	③A、C、G、I④E、F	⑤D、H⑥C、H、I	⑦H⑧A
2018-1-2	2018年中央一号文件	①A、I②A	③G④F	⑤A、B、D、F⑥B、D、H、I	⑦C、F、H、J⑧C、J⑨A、E

续表

颁布时间	文件名称	农业生产经营人才	农业农村科技人才	乡村治理人才	乡村公共服务人才（教师、卫生、文化旅游体育人才）
2019-1-3	2019年中央一号文件	①A.C.⑫C.E	③A.C.⑭H	⑤D.H⑥A.D.H	⑧F.J⑨A
2020-1-2	2020年中央一号文件	①A②A.C	③F④C	⑤B.H⑥C.D	⑦B.C.F⑧D.F.H⑨A.E
2021-1-4	2021年中央一号文件	①A.B②A	④F	⑤B⑥C.F.I	⑦C⑧F
2000-3-5	2000年政府工作报告	—	③A.C	⑥H	⑦B.C.F
2001-3-5	2001年政府工作报告	—	—	⑥A	⑦B.C
2002-3-5	2002年政府工作报告	①A	③A	—	⑦B.C
2003-3-5	2003年政府工作报告	②C	—	—	⑦C
2004-3-5	2004年政府工作报告	②C	③C④H	—	⑦C⑧H
2005-3-5	2005年政府工作报告	②A.C	③F④C.F	⑥H	⑦A.C
2006-3-5	2006年政府工作报告	①A②A.C	—	⑥H	⑧F
2007-3-5	2007年政府工作报告	①A②C	③C④E.F	⑥B.H	⑦A.B⑧H
2008-3-5	2008年政府工作报告	①A②A	—	—	⑦C.H⑧A.E
2009-3-5	2009年政府工作报告	①A②A.C.F	③E④C.H	⑥E	⑦B.C.F
2010-3-5	2010年政府工作报告	①A②A.C	③A④A	—	⑦B.C.E⑧A.C
2011-3-5	2011年政府工作报告	①A	④F	—	⑦C⑧E

续表

颁布时间	文件名称	农业生产经营人才	农业农村科技人才	乡村治理人才	乡村公共服务人才（教师、卫生、文化旅游体育人才）
2012-3-5	2012年政府工作报告	②C	③A. C④C	—	⑦A. B. H
2013-3-5	2013年政府工作报告	①A	④C	—	⑦A
2014-3-5	2014年政府工作报告	①A②A	—	—	⑦C⑧A
2015-3-5	2015年政府工作报告	①A②A. C	—	⑥H	⑦A. F⑧E. H
2016-3-5	2016年政府工作报告	①A②A	③H④H	⑥H	⑦B. C. H⑧A. E
2017-3-5	2017年政府工作报告	①A②E	③E	⑥C. H. I	⑧C. I
2018-3-5	2018年政府工作报告	①A②C	—	⑥B. H	⑦A. B. C⑧A
2019-3-5	2019年政府工作报告	②A. C	—	⑥H	⑦A. C⑧A
2020-5-22	2020年政府工作报告	①A②C	—	—	⑦A⑧A
2021-3-5	2021年政府工作报告	—	—	—	⑦A⑧A

注："—"表示文件尚未提及。

提及组织带头人：①新型职业农民；②新生代农民工；③农业农村高科技领军人才；④科技推广人才（包括科技特派员）；⑤村党组织带头人；⑥乡镇党政人才；⑦乡村中小学教师；⑧乡镇卫生院人员，增加乡村人才培养经费投放；⑨乡村文化旅游体育人才。

采取的政策措施：A：积极培育，深层挖掘，逐步完善基础设施；B：积极激励，表彰激励机制；C：完善乡村人才保障，补贴，特岗计划等；D：积极主动选拔任用乡村人才；E：积极引导乡村人才运乡创习，推广远程教育；F：选派、组织以及定向培养；G：鼓励乡村人才交流，推行合作研究；H：改革创新乡村人才管理队伍（包括：精简、安置、分流、监督）；I：实施科学合理有效的评价考核机制；J：积极鼓励人才支援。

三、陕甘宁革命老区现实背景

以毛泽东为代表的中国共产党人在领导革命实践中逐步摸索出农村包围城市的革命道路，在敌人统治力量薄弱的农村建立人民军队，建立革命根据地，遍布全国的革命根据地为武装夺取政权、革命胜利夯实了基础。伴随着新中国的建立、改革开放的持续推进、新型城镇化等战略的陆续提出，我国经济发生了翻天覆地的变化，已成为世界第二大经济体。然而，那些处于政治、经济、文化中心边缘的革命老区已不具备当年武装夺取政权的优势，反而由于深居内陆、远离城市中心导致其政治、经济、文化发展严重滞后。陕甘宁革命老区的前身是西北革命根据地，作为土地革命战争时期创建的红色革命根据地，是发挥关键作用的党中央的所在地，是红军长征的落脚点，是抗日民族统一战线诞生的摇篮，是敌后抗日力量的指挥中心，也是党带领人民走向新中国的出发点。党中央在陕甘宁革命老区历经 13 个春秋，以延安为中心领导全国革命，制定实施了一系列科学、正确的路线方针政策，实现了革命力量大发展，领导中国人民抗日战争取得胜利，为新民主主义革命胜利奠定了坚实的基础。① 根据国家发展改革委 2012 年颁布的《陕甘宁革命老区振兴规划》，陕甘宁革命老区主要包括陕西延安、榆林和铜川 3 市，甘肃平凉和庆阳 2 市，宁夏回族自治区中卫、吴忠和固原 3 市，共计 8 个地级市，外加陕西富平、三原、旬邑、长武、彬县、淳化、泾阳，甘肃会宁和宁夏回族自治区灵武 9 县市，总面积超过 19 万平方千米，约占陕甘宁三省区总面积的 26.5%。② 然而，由于陕甘宁革命老区处于陕西省、甘肃省、宁夏回族自治区的交界地带，远离省会等经济中心，加

---

① 欧阳雪梅."让红色基因代代相传"——深入学习领会习近平关于传承红色基因的重要论述 [J].党的文献，2024（1）：3-10.

② 范武迪.陕甘宁革命老区产业化扶贫研究 [D].兰州：甘肃农业大学，2016.

之气候条件较差，生态环境脆弱，水土流失严重，导致经济社会发展滞后，严重制约了乡村振兴战略的贯彻落实，也影响了共同富裕愿望的实现。现阶段，随着西部大开发与乡村振兴战略的贯彻实施，陕甘宁革命老区站在新的历史起点上，紧抓战略机遇，获得了长足发展，经济发展水平显著提高，人民获得感与幸福感日益增强。但值得注意的是，与发达地区相比，陕甘宁革命老区总体发展滞后，经济、文化、教育、医疗、卫生、基础设施、生态环境、城镇化、工业化等发展水平与发达地区的差距较大。鉴于此，以国家乡村振兴战略为契机，着力推动陕甘宁革命老区乡村人才振兴，有助于弘扬延安精神、南梁精神，强化区域经济合作，缩小区域发展差距，促进区域协调发展，进而有利于推动陕甘宁革命老区实现经济社会的跨越式发展。

第二节　乡村人才振兴的意义

"产业兴旺、生态宜居、乡风文明、治理有效、生活富裕"是乡村振兴战略的总要求，每一个目标的实现都离不开人才的支撑。现阶段，我国社会的主要矛盾已转化为人民日益增长的美好生活需要和不平衡不充分的发展之间的矛盾，且该矛盾在乡村更为典型、突出。新型工业化与新型城镇化的快速发展致使大量农村劳动力转移至城市，农村"空心化"现象日益严重，乡村振兴缺少人才支撑。基于此，迫切需要一批懂农业、爱农村、爱农民的乡村人才，为乡村振兴提供智力支持，有效贯彻落实乡村振兴战略。首先，乡村人才振兴有助于提升乡村产业发展水平。与城市相比，目前我国乡村产业总体水平较低，产业基础设施薄弱，产业承载能力不足，发展滞后。乡村人才是促进乡村产业发展的关键，乡村人才能够为乡村带来先进的农业技术、领先的机器设备、专业的技术知识与科学的管理理念，推动农业生产深化革新，助力乡村产业兴旺。其次，乡村人才振兴有利于繁荣乡村文化。在日常生活中，乡村人才能够潜移默化地教化乡民、涵养乡风、传承文化，显著提升村民的思想涵养，科学指导村民的行为实践，有效内化村民的道德准则，营造欣欣向荣、和谐友善的乡风文明。同时，乡村人才通过发挥自身的榜样作用，有助于村民提升其言谈举止、人格魅力与品德修养，更好地贯彻落实社会主义核心价值观。最后，乡村人才振兴有利于改善乡村生态环境。传统农业粗放式的发展对生态环境的破坏较为严重，乡村人才的积极加入能够有效帮助村民树立农业绿色发展理念，倡导村民坚持绿色环保可持续行为，提高农业生产效率。革新传统农业发展方式，发展农村绿色循环经济，将保护农村生态环境融入村民生活的点点滴滴。人才振兴是乡村振兴的重要力量，强化人才振兴，让全面推进乡村振兴更有底气。

国以才立，业以才兴，千秋基业，人才为先。坚决贯彻落实乡村人才振兴战略有助于乡村广泛吸引人才、高效利用人才、积极留住人才，满足乡村人才需求，为全面实现乡村振兴提供智力支持。在国内外专家学者对乡村人才振兴研究的基础上，本书深入分析黄土高原地区人才振兴的背景，梳理黄土高原地区人才振兴的现状与问题，进而提出具有针对性与可行性的政策建议，对于实现乡村振兴战略、实现两个百年目标、实现中华民族伟大复兴具有非同凡响的意义。

一、理论意义

第一，丰富了乡村人才振兴的文献资料。现阶段，国内外学者对于乡村人才振兴的研究较少，理论层面的深入剖析亟须进一步完善。在中国知网数据库输入"乡村人才振兴"进行检索，共检索出7643篇相关文献。从发表主题层面分析，其中涉及"人才培养"的有348篇，涉及"人才振兴"的有 203 篇，涉及"乡村人才振兴"的有 222 篇，涉及"人才队伍建设"的有 163 篇。从发表年度层面分析，1990 年，第一次出现涵盖关键词"乡村人才振兴"的文献资料，是纪文民于 1990 年 11 月 27 日发表在《中国人才》的《一条振兴农村经济的有效途径——烟台市强力开发乡村科技人才》。2000 年涵盖关键词"乡村人才振兴"的文献资料为 1 篇，2016 年仍然仅为 1 篇，2017 年为 16 篇。2017 年 10 月 18 日，习近平总书记在十九大报告中正式提出实施乡村振兴战略，由此学术界便开始广泛开展乡村振兴研究，其中 2018 年涵盖关键词"乡村人才振兴"的文献资料为 808 篇，2019 年为 1382 篇，2020 年为 1456 篇，2021 年为 2276 篇，2022 年为 2813 篇，2023 年为 1074 篇（文献检索截止日期：2023 年 9 月 11 日）。从研究范围层面分析，文献大都从宏观环境入手，分析我国整体乡村人才振兴战略，也有一小部分是针对具体的普通农村地区，但是明确针对贫困地区或者跨越省级行政区域限制的黄土高原地区的乡村人才振兴战略研究文献则寥寥无几。因此，基于黄土高原地区乡村人才振兴的研究，能够有效填补这一层面的空白，丰富文献资料，夯实理论研究基础。

第二，为有效实现乡村人才振兴提供科学合理的理论依据。以社会经济发展、国家政策与陕甘宁革命老区实状况为研究背景，从人力资本、乡村治理、新公共服务、马克思关于乡村人才的基本理论与中国共产党历代领导人关于乡村人才建设思想的角度出发，认真分析陕甘宁革命老区乡村人才发展基础（乡村人口及变化情况、乡村人力资源开发现状、乡村人才流动状况）与乡村教育现状，深入探讨陕甘宁革命老区乡村人才振兴存在的乡村人才总量不足、人才结构不合理、人才整体素质不高、人才队伍建设工作不力、人才政策机制不完善、人才发展环境落后等问题，创新乡村人才振兴机制，审时度势地提出构建乡村人才振兴新体系、创新乡村人才振兴新模式、加快乡村人才培养、强化农村基础教育、吸引人才返流农村的乡村人才振兴路径。为学术界深入研究乡村人才振兴提供丰富且可靠的理论基础，为处于打赢脱贫攻坚战与实施乡村振兴战略有效衔接关键期的陕甘宁革命老区实现人才振兴提供理论参考，与此同时，也能够为其他国家或地区实现乡村人才振兴提供具有中国特色的"中国智慧"与"中国方案"。

第三，有助于深刻理解并科学把握马克思与中国共产党历代领导人关于乡村人才建设的基本思想。马克思关于人才的基本理论经过不断探索与发展，呈现出人民性、实践性、现实性、科学性的特点，并逐步形成了独具特色的劳动价值论、生产力要素理论、人的全面发展理论、人与环境的关系理论。新中国成立以来，党中央在充分吸收借鉴马克思关于人才基本理论的基础上，因地制宜、精准施策，积极采取适宜我国国情的乡村人才发展政策，日益走出一条别具一格且具有中国特色的乡村人才振兴道路。特别是十八大以来，习近平总书记立足国际新形势与实现中华民族伟大复兴中国梦的战略高度，对人才强国进行了系统论述，高屋建瓴地将人才发展作为国家重点战略问题，逐步形成了人才战略观、人才培养观、人才管理使用观、人才环境观，进一步明确人才培育的基本要求，积极培育本土人才，用好用活各类乡村人才，营造积极向上的乡村人才培育环境。习近平总书记关于人才的重要论述是我们党和国家新时代人才工作的行动纲领，为国家人才发展指明了方向，为乡村人才发展提供了广阔的空间，为全面贯彻落实乡村振兴战略提供了人才保障与智力支持。

二、实践意义

第一，乡村人才振兴有助于惠农政策在乡村的宣传落实。农业变强、农村变美、农民变富离不开惠农政策的大力支持，惠农政策是政府为支持"三农"发展而给予的政策倾斜与补贴优惠，通过财政补贴的方式让农民直接受益，激发农民的积极性，增强农民全力从事农业生产的信心。惠农政策大都是政府依据当地"三农"发展的具体情况因地制宜地制定，并通过正式书面文件的方式下发至乡村基层组织，继而由乡村基层组织通过书面、授课、宣讲或口头的方式将文件精神传达给农民。但部分农民文化水平有限，对于政策的解读可能产生偏误，不能很好地将有利于自身发展的惠农政策应用在日常的农业生产活动中。同时，对于新颖的惠农政策缺少尝试的勇气与信心，在一定程度上阻碍了惠农政策的宣传普及与贯彻落实。乡村人才振兴是破解这一问题的关键，乡村人才文化水平较高、乐意接受新事物、思想积极奋进，能够更好地理解惠农政策并积极广泛应用在农业生产活动中，用自己的亲身经历为农民树立良好的榜样，亲力亲为地宣传落实惠农政策，帮助农民充分理解惠农政策、主动利用惠农政策、积极享受惠农政策，激发农民参与农业生产的热情，将惠农政策发挥到淋漓尽致，促进"三农"发展稳步提升。

第二，乡村人才振兴有助于提升农业产业化经营水平，提高农民收入。现阶段，我国农业发展正处于现代化转型的关键时期，亟须向产业化、专业化、商品化发展。政府的惠农政策在一定程度上能够促进"三农"的发展。但从长远分析，惠农政策的边际效用是递减的，若想真正实现农业产业化发展，农民增收创收，不仅需要政府惠农政策的支持，更需要农民自身综合素质的提高，因此，实施乡村人才振兴就显得尤为重要。实施乡村人才振兴战略，能够进一步提升农民综合素质，增强创业致富信心，不断推动农业产业化、链条化发展。此外，传统农业生产具有分散的特点，存在单一性与滞后性，而乡村人才的加入与参与能够有效缓解这一不足，带动农业产业化发展，更好地迎合市场需求与时俱进的变化。乡村人才还可以利用当地优势与特色，逐步打造独具一格的乡村品牌，一方面，能够在资金筹集、技术应用、管理理念等方面给予农民帮助与扶持，充分发扬示范带头作用，鼓励广大农民积极发挥主观能动性，带领农民创业致富；另一方面，能够开辟多元化的就业渠道，有助于缓解农村剩余劳动力就业难题，帮助农村劳动力实现自主创业、灵活就业，提高农民收入。

第三，乡村人才振兴有助于加快农业技术推广。传统粗放式的农业生产主要通过扩大耕地面积或增加生产要素投入来实现增产，该种增产方式受限于耕地面积与生产要素的数量，效率偏低。现代农业生产主要依靠现代化农业科技成果来实现增产增收。目前，农业科技成果层出不穷，但利用农业科技成果的能力却停滞不前，农业科技成果"转化难"成为制约"三农"发展的瓶颈因素。因此，实施乡村人才振兴具有重要意义。一方面，乡村人才在宣传推广农业生产技术方面有着不可比拟的积极作用。乡村人才是农业科学技术转化为农业生产实践的桥梁纽带，是农业生产技术的推广者与农业科技成果的转化者，将农业生产技术与农业实践相结合，有力推动农业科技成果转化为现实的农业生产力。另一方面，乡村人才能够带领农民增收创收。农业具有天然的弱质性，容易受到耕作方式、耕种时间、肥料投入以及自然灾害的影响，致使农民遭受严重损失。乡村人才具备专业的农业生产技术知识，能够有针对性地解决农民农业生产中遇到的困难，提高化肥农药利用率，在一定程度上规避自然灾害风险，减少农民损失。

第四，乡村人才振兴有助于促进农村经济发展，提高生产效率。在经济转型发展时期，推动经济发展的重心不再是生产要素的大量投入，而是人才的培育与应用。"乡村振兴，人才先行"，人才是解放生产力、发展生产力、推动技术进步的关键因素，是促进农村经济发展、提高农业生产效率、助推乡村振兴战略的动力引擎，因此，贯彻落实乡村人才振兴是势在必行的。乡村人才懂经营、善管理、爱创新，是促进乡村发展的关键力量。一方面，乡村人才自身综合素质较高，不仅有自力更生、艰苦奋斗、勇于创新的魄力，也拥有带领广大农民发家致富的恒心与决心。同时具备敏锐的市场洞察力与信息捕捉力，能够在瞬息万变的市场中紧抓发展机遇，实现农业的现代化、专业化、规模化发展，全方位提高农村经济，提升农业生产效率。另一方面，乡村人才充分利用区域内的血缘关系与地缘关系，将分散经营转化为更高效的合作经营，提高农民的组织化程度，提升农民人均资源占有率，提高农业生产效率。此外，乡村人才能够有效利用自身的人际交往推动本地区基础设施的建设，改善当地交通、水利、环境等，促进农村经济发展。

第五，乡村人才振兴有助于改善农村风貌，推动乡风文明建设。乡风文明是乡村振兴的"灵魂"、是乡村振兴的"晴雨表"，乡风文明蕴含着深厚的文化内涵，与农民群众的获得感、幸福感、安全感息息相关，是乡村振兴战略中最基本、最深沉、最持久的力量源泉。乡风文明建设是乡村振兴的助力和保障，而推动乡风文明建设的关键就在于乡村人才振兴。一方面，乡村人才通过发展农民专业合作社、创办特色产业、发展龙头企业的方式将农民像石榴籽一样紧紧团结在一起，显著促进了资源、技术、人力、物力的共享合作，在一定程度上实现了利益共享与风险共担，有助于改善农村风貌，促进邻里和睦。另一方面，乡村人才不仅是先进生产力的代表者，更是先进文化与思想的传播者。乡村人才凭借其较高的影响力与号召力与村民"打成一片"，能够用简单明了、形象生动的方式将晦涩难懂、单调刻板的政策方针、法律法规、道德规范、社会风俗等传达给农民，并通过言传身教陶冶广大农民的情操，带领农民讲文明，树新风，改善村容村貌，推动乡风文明建设。

第六，乡村人才振兴有助于推动陕甘宁革命老区发展。陕甘宁革命老区为建立新中国发挥了不可磨灭的作用，历史地位与重要性不容忽视。在坚决贯彻落实乡村振兴战略的基础上，实现陕甘宁革命老区乡村人才振兴，对于推动陕甘宁革命老区经济发展，切实提高陕甘宁革命老区人民生活水平具有重要的现实意义。陕甘宁革命老区位于陕西、甘肃、宁夏三省区的行政区划边缘，远离西安、兰州、银川等地区政治经济中心，经济发展滞后。鉴于此，以陕甘宁革命老区为研究范围，以乡村人才振兴为研究对象，对陕甘宁革命老区人才振兴过程中遇到的瓶颈问题进行详细阐述，深入探讨分析陕甘宁革命老区乡村人才振兴问题的具体成因，进一步阐明陕甘宁革命老区乡村人才振兴机制创新制度，并在此基础上凝练出一条独具特色、因地制宜、切实可行的陕甘宁革命老区乡村人才振兴路径，为陕甘宁革命老区推动农业现代化发展、实现农村高质量发展、农民奔小康添砖加瓦，与此同时，为推进乡村人才振兴、有效贯彻落实乡村振兴战略提供源源不断的智力支持。

第三节　乡村人才振兴概念界定

一、人力资源

人力资源，又可称为劳动力或劳动力资源，是指一个国家或地区，未到劳动年龄、正值劳动年龄和超过劳动年龄且具有劳动能力的人口之和，或为一个国家或地区的总人口中除去丧失劳动能力的人口之后的人口总量。经济学中将投入生产活动的要素统称为资源，主要包括人力资源、物力资源、财力资源、信息资源、时间资源等，其中人力资源是第一资源，是所有资源中最珍贵的资源，能够有效推动社会发展。从广义层面讲，人力资源是一个社会中具备智力、体力、知识、技能四个方面劳动能力的人的总和，包括数量和质量两个方面。其中数量是指全社会具备劳动能力的人口数量，而质量是指人口所具备的体质、文化知识与技能水平。从狭义层面讲，人力资源是指经济活动中用以制造产品与提供服务的人力。人力资源是社会发展的基础，一般地，与物质生产资料数量相匹配的人力资源有助于推动生产发展，倘若超过物质生产资料数量，则会造成人力资源的浪费，致使多余的人力资源处于失业状态，社会不稳定因素增加，反而会对经济社会造成不利影响。伴随着经济的转型发展，经济发展与社会进步不再单纯依赖物质资料的投入，而是更多地依靠人口素质的提高，加之科学技术在经济社会的广泛应用，人力资源在经济社会发展中扮演着越来越重要的角色。

对个体"人"而言，人力资源是指身体所蕴含的生产能力，包括体质能力、知识、技能、经验和个人特质等内容。个人所拥有的人力资源总量既有遗传因素的影响，还是长期教育、学习、实践、培训的结果，构成了员工当前工作胜任能力的基础，也将预示其未来的职业发展潜力。个人的人力资源通常可以由两个维度划分：一是表现方式，二是意识状态。表现方式把人力资源分为两类：外显型人力资源要素和调节型人力资源要素。外显型要素包括人体在价值创造过程中，能直接使用、产生直接影响和结果的知识、技能和经验；而调节型要素对外显性要素能否有效、持久地发挥作用起到调整、协调的作用，既可以增大，也可以削弱其作用和效果，主要包括个体的素质特征，如价值观、动机等。意识状态指个人作为意识的主体，同时也是意识的客体，在对自身人力资源的具体内容、数量和质量分析的过程中是否有清晰的了解，以规避存在的认知不足、偏差等问题，从而在本身人力资源的利用、开发中与工作的潜在要求和未来发展的期望更适宜、更有针对性。针对这种情况，从意识的角度，将人力资源分成意识内人力资源要素和意识外人力资源要素两部分。根据上述维度的划分，人力资源可以划分为四类，如表1-2所示，个体所拥有的人力资源是这四类人力资源的总和。

表 1-2 个体的四类人力资源

维度		意识状态	
		意识内	意识外
表现方式	外显型	意识内的外显型人力资源	意识外的外显型人力资源
	调节型	意识内的调节型人力资源	意识外的调节型人力资源

个体人力资源主要具有以下六个特征：第一，生命周期性。人作为有生命的有机个体，有其自然的生命周期，即婴幼期、少年期、青年期、中年期和老年期。在职业期间，不同时期人的心理、生理特点不同，劳动能力也不同。个体人力资源的形成、开发也受到所处人生阶段限制和制约。第二，时效性。在知识经济时代，科学知识和技术发展快，组织人力资源的质量和数量需要与产业发展要求紧密契合，所积累的知识和技能最佳使用期不断变短，人力资源的时效性特征明显。第三，再生性。组织中个体的人力资源在生产、服务过程中消耗之后可以通过休息和补充能量得到恢复；人力资源的知识、技能等要素可以通过持续培训、实践、学习等活动不断更新。第四，能动性。人具有思维能力和情感动机，能有目的、有意识地整合、利用包括其自身在内的所有资源开展生产、服务等经营活动。人力资源让组织可以适应各种变化，应对潜在挑战，突破现有发展模式，提出新理念，采用新方法，有效推动组织发展。第五，不可分割性。作为人力资源的核心要素的知识和技能，是长期教育、学习和实践积累形成，最具价值的隐性知识固化在人的头脑中，需要人主动积极地使用才能发挥作用。如果能力强的人离开，或者他们没有受到激励充分发挥其知识和才能，企业必然会遭受人力资源的损失。第六，社会性。社会属性是人的本质特征。人力资源的形成与开发不但需要个体独立学习，更重要的是人际互动和反馈，与个体所在的社会、组织具有不可分割的联系。同时，人力资源能否得到有

效的使用受到团队的氛围、组织的文化等社会环境因素的影响。

二、人力资本

人力资本又称为"非物质资本",是西方经济学的概念,是物化在劳动力身上的资本(例如:劳动力的知识水平、技能、健康、文化水平等)。作为"活资本"的人力资本,更具创造性与可塑性,能够更高效地配置资源、动态调整企业发展战略,因此,相比物质生产资料、货币等硬资本,人力资本拥有更大的增值空间,对经济社会发展的贡献更大。人力资本与人身自由紧密地联系在一起,不会因为产品的出卖而发生转移。人力资本思想最早可追溯至古希腊思想家柏拉图,而经济学鼻祖亚当·斯密第一次将人力视为资本,其在充分认可劳动创造价值的基础上,创造性地提出劳动技巧的熟练程度与判断能力的强弱必然会制约人的劳动能力和水平。被誉为"人力资本之父"的诺贝尔经济学奖得主西奥多·W. 舒尔茨在1960年美国经济学年会上系统阐述了人力资本理论:第一,人力资本理论是经济学的核心问题,且人力资本是一切资源中最重要的资源;第二,人力资本对经济发展的贡献要远大于物质资本,人力资本与经济增长呈正比;第三,人力资本的核心是提高人口质量,而教育是人力资本投资的主要部分,教育是提升人力资本最基本、最重要的手段,因此,也可以将人力投资视同为教育投资,投资人力资本的经济效益远高于物质投资的经济效益;第四,教育投资应以市场供求关系为依据,以人力价格的浮动为衡量符号。

三、人才

人中之才,即人才,有谋事之才、谋略之才、将帅之才、栋梁之材,人才的多寡优劣直接影响一个国家或地区的兴衰存亡。"人才"一词最早出现于《易经》的"三才之道",即孔子及孔门弟子的《易传》

讲："《易》之为书也，广大悉备。有天道焉，有人道焉，有地道焉。兼三才而两之，故六。六者非它也，三才之道也。"经过日积月累的发展，现代意义上的人才泛指各行业中的佼佼者，是指具备一定程度的知识与技能，能够从事创造性的劳动并能为经济社会发展做出贡献的人，是人力资源中综合素质与知识技能较高的"领头羊"。相较于普通的劳动力资源，人才应特别具备以下四方面的内涵。第一，拥有扎实且丰富翔实的知识储备，能够在时代快速进步发展的洪流中乘风破浪；第二，永葆创新性与创造力，不断突破自我，不断超越以往；第三，具备较强的综合性能力，主要包括技术与业务能力、组织与规划能力、说服与交流能力、数字与计算能力、想象能力、文理贯通能力等；第四，秉承良好的品行操守，爱国守法，明礼诚信，团结友善，勤俭自强，敬业奉献，实现"才"与"德"的辩证统一。

四、乡村人才

"乡村人才"这一概念伴随着党的十九大胜利召开逐渐进入人们的视野，随之出台的《中共中央 国务院关于实施乡村振兴战略的意见》《乡村振兴战略规划（2018—2022 年）》《乡村人才振兴意见》等文件，加之乡村振兴战略的坚决贯彻落实以及脱贫致富的持续推进，"乡村人才"与"乡村人才振兴"等词成为各级各类政策文件的高频词，也是大众普遍关注的热点话题，更是相关学者竞相研究的重点领域。乡村人才是由"乡村"与"人才"两个词构成的复合词，只有准确清楚地理解这两个词，才能从更深层次把握"乡村人才"的内涵属性。乡村是指乡村地区人类各种形式的居住场所，在汉语中同"农村"的意义相近，泛指自然村落或行政村，也就是广大农民的居住地。人才是指知识水平、生活技能与综合素质相对较高的一类人。乡村人才是根据人才进行地域划分后产生的概念，是人才中一个特殊的群体。学术界普遍认为乡村人才是指具备相关专业知识、技能，拥有创造性与积极性，能够通过自身努力工作推动乡村发展的人。乡村人才内涵丰富，具有广泛性与跨越性，不仅囊括在乡村工作的劳动者，而且包含在乡村从事乡村管理、乡村教育、乡村医疗和乡村服务的人员，以及在乡村进行农业生产经营、农业技术宣传推广与乡村文化传承的人员。乡村人才的概念属性主要包括以下四点：第一，空间属性。乡村人才主要泛指在乡村地区进行生产经营与管理活动的人才。第二，社会属性。乡村人才在经过一定程度的教育培训后，所表现出来的职业、社会关系与影响力等。第三，素质属性。相较于乡村的普通人员，乡村人才在学历、学识、技能、创造力、接受度、可塑性等方面的综合素质较高，且素质属性是随着时间与社会发展而不断发展进步的。第四，价值属性。乡村人才的所有行为或行动应在法律法规、道德规范以及政策导向的框架范围内进行。

五、乡村人才的分类

《乡村振兴战略规划（2018—2022 年）》中对乡村人才进行了简单分类，乡村人才主要包括新型职业农民、农村专业人才、农业科技人才和外来人才。2021 年出台的《关于加快推进乡村人才振兴的意见》（以下简称《意见》）中，进一步明确了乡村人才的分类，主要有农业生产经营人才，农村二、三产业发展人才，乡村公共服务人才，乡村治理人才，农业农村科技人才，详见图 1-11。此外在《意见》中明确提出推进各类乡村人才发展的政策措施，全方位推进乡村人才振兴，助力乡村振兴战略贯彻落实，详见表 1-3。

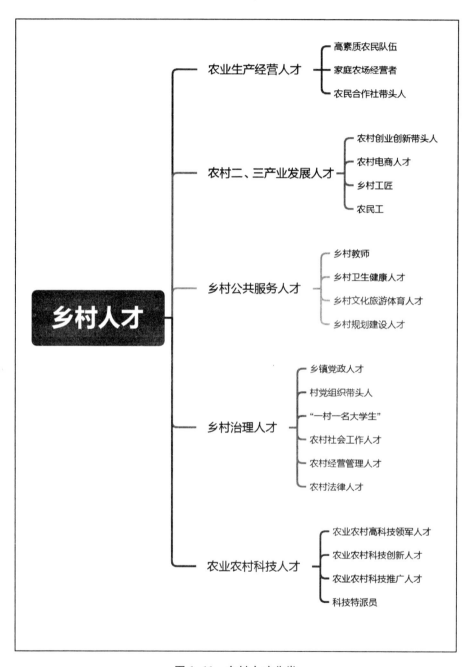

图 1-11　乡村人才分类

表 1-3 乡村人才分类

名称	分类	性质	主要措施
农业生产经营人才	高素质农民队伍	专业性、实用性	实施现代农民培育计划，开展全产业链培训，深化培训后技术指导和跟踪服务，加强农民在线教育培训
	家庭农场经营者		完善项目支持、生产指导、质量管理、对接市场等服务
	农民合作社带头人		建立农民合作社带头人人才库，加强农民合作社管理人员再教育、再培训
农村二、三产业发展人才	农村创业创新带头人	技能性、创新性、品牌性	改善农村创新创业环境，建设农村创新创业孵化实训基地，组织创新创业导师团队
	农村电商人才		广泛开展电商扶贫助农活动，完善农村电商人才培养体系
	乡村工匠		深层次挖掘乡村传统手工艺人，充分发扬"工匠"精神，积极进行示范引导，鼓励乡村工匠创办特色企业
	农民工劳务输出品牌		完善职业技能培训体系与评价机制，着力提升农民工职业技能，围绕地方特色，打造一支高标准的专业化农民工劳务输出队伍
乡村公共服务人才	乡村教师	专业性、服务性	加大乡村教师培养力度，强化乡村教师队伍建设，健全乡村教师发展评价体系
	乡村卫生健康人才		多方面强化乡村卫生健康人才队伍，逐步优化乡村卫生健康人才激励评价机制，持续推进在岗培训与继续教育，有效改善乡村卫生健康服务与治理水平
	乡村文化旅游体育人才		积极主动引导旅游体育文化人才下乡发展，营造浓厚的乡村旅游体育文化氛围，提升乡村文化旅游体育水平
	乡村规划建设人才		提高乡村规划的科学性与实用性，加强乡村生态环境建设，着力塑造独具特色的乡村风貌

续表

名称	分类	性质	主要措施
乡村治理人才	乡镇党政人才	行政性、服务性、专业性、创新性	优化完善乡镇党政人才选拔任用机制，坚决贯彻落实乡镇工作补贴与艰苦边远地区津贴政策，适当降低乡镇公务员考录门槛与开考比例
	村党组织带头人		立足本村现有人才，选拔思想进步、道德高尚、综合素质较高的人才担任村党组织书记，加强村党组织书记的教育培训
	"一村一名大学生"		积极鼓励村干部、乡村能人、新型农业经营主体、返乡农民通过脱产学习、弹性学制等方式接受职业高等教育。有计划地扩大"三支一扶"招录规模，多渠道吸引优秀大学毕业生到村工作
	农村社会工作人才		加快乡镇社会工作服务站建设步伐，广泛培育社会工作服务类平台，扩大政府购买，鼓励各类社会主体积极主动参与社区服务
	农村经营管理人才		明确划分农村经营管理的行政职责与管理职责，建立健全职责目录清单，强化农村经营管理人才组织培训，优化完善激励机制
	农村法律人才		积极下沉公共法律服务，充实基层乡村司法服务人才队伍，宣传推广乡村学法用法示范户，贯彻落实"一村一法律顾问"制度

续表

名称	分类	性质	主要措施
农业农村科技人才	农业农村高科技领军人才	科技性、专业性、服务性、创新性	鼓励各地区因地制宜实施农业农村领域"引才计划"，强化农业农村高科技领军人才与农业农村高科技青年后备人才培养
	农业农村科技创新人才		加强农业企业科技人才培养，建立健全农业科研立项、成果评价与成果转化机制，完善科技人员兼职兼薪、分享股权期权等激励机制
	农业农村科技推广人才		持续推动农业农村科技推广体系改革创新，促进公益性与经营性农业农村科技推广融合发展，深化农业农村科技推广人才差异化分类考核机制，宣传推广"科技小院"培养模式
	科技特派员		遵循"政府选派、市场选择、志愿参加"的原则，逐步完善科技特派员工作机制，完善科技特派员激励机制，扩大科技特派员来源渠道

六、乡村振兴战略与乡村人才振兴的关系

党的十九大提出的乡村振兴战略为我国乡村发展迎来了史无前例的发展机遇。纵观我国乡村发展历程，人才在其中扮演着至关重要的角色。乡村发展的宏伟蓝图需要人才去书写，美丽的乡村需要人才去建设，全面实施乡村振兴战略需要人才去贯彻落实。乡村振兴战略是社会主义新时期的一项重点工作，而乡村人才振兴是乡村振兴战略的"动力源"与"主心骨"。全面推进乡村人才振兴，组建一支思想觉悟高、专业技能强、目光见识远、综合素质好，懂农业、爱农村、爱农民的乡村人才队伍，为乡村振兴战略提供人才保障与智力支持。为更好地实施乡村人才振兴计划，第一要务就是要厘清乡村振兴战略与乡村人才振兴的关系，以便明晰在实施乡村振兴战略背景下强化人才振兴的重要性。

一方面，随着新型工业化与新型城镇化进程的加快，农村人才大量外流，乡村振兴面临缺兵少将的窘境，而乡村人才振兴就是破解乡村振兴"谁来干"的关键；另一方面，乡村振兴战略的贯彻落实，推动了农业变强、农村变美、农民变富，为人才提供了施展抱负的舞台，成为乡村人才振兴的"发源地"，两者此呼彼应而相辅相成，表里相合则共利共荣。

（一）乡村人才振兴是乡村振兴战略贯彻落实的重要保障

《关于实施乡村振兴战略的意见》中明确提出"实施乡村振兴战略，必须破解人才瓶颈制约"，人才是推动乡村振兴战略的动力引擎，施本领、展才情、聚人气，为乡村振兴战略的实施提供重要保障。首先，乡村人才是贯彻落实乡村振兴战略的传播者。乡村人才明事理、有见识、晓政策、懂技术、善创新，具备较高的思想政治觉悟，能够坚决贯彻落实国家的大政方针。乡村人才能积极宣传推广乡村振兴战略的新安排与新筹划，精准高效传达农村工作的新战略与新机遇，广泛普及现代化农业新技术与新思想。其次，乡村人才是贯彻落实乡村振兴战略的实践者。乡村人才是建设美丽乡村的工程师，他们凭借自身资源禀赋，积极开展乡村政治、经济、文化、环境建设，同时充分发挥自身的感召力与影响力，号召广大农民齐心聚力，践行乡村振兴战略，共同建设美丽乡村。最后，乡村人才是贯彻落实乡村振兴战略的推动者。各类人才大展宏图，共同推动乡村振兴，乡村的基层干部积极主动发挥上传下达的桥梁作用，帮助农民广泛了解、真正理解、充分享受国家的各项惠农民生政策，并在国家政策的大力支持引导下推动"三农"发展；乡村的能人志士为乡村德治与法治提供智力支持与人才保障，推动乡风文明建设，促进乡村和谐；乡村的致富能手在自身不断发展的同时带动其他村民发家致富，传授先进的农业生产经验，提升村民生产技能，推动乡村不断发展进步。

（二）乡村人才振兴是乡村振兴战略的必然选择

乡村振兴战略是我党描绘的一幅宏伟蓝图，而人才是这幅宏伟蓝图的执笔，因此，人才振兴是贯彻落实乡村振兴战略的关键。第一，乡村人才振兴是乡村产业振兴的支撑。产业振兴是乡村振兴的经济基础，产业振兴需要"晓农业、爱农村、亲农民"的新型职业农民，也需要"懂业务、精技术、善管理、会经营"的乡村经营管理人才。产业振兴不是传统粗放式的发展，而是凭借高精尖的生产设备与稳准狠的科学技术实现农业的高质量发展，因此产业振兴离不开农业农村科技人才。此外，产业振兴要乘时代之东风，广泛依托"互联网+"技术，充分利用农村二、三产业发展人才推动乡村发展。第二，乡村人才振兴是乡村生态振兴的依靠。绿水青山是乡村宝贵的财富资源，乡村的"美"与"富"是相辅相成、互为补充的。乡村振兴既要关注推进速度，也要重视落实质量，更要注重生态环境的保护。由于农业长期粗放式的发展，农民的生态环境保护意识逐步弱化，加之大肆无序开垦耕地致使乡村生态环境破坏严重，急需一批爱农村的人才唤醒农民的生态保护意识，宣传普及"人与自然和谐共生"的理念。此外，还需一批环境治理方面的人才，逐步改善农村粪污、污水和垃圾污染等问题，积极引进生态、建筑、人文景观方面的人才，建设独具特色、生态宜居的美好家园。第三，乡村人才振兴是乡村文化振兴的关键。乡村振兴不仅是乡村物质财富的振兴，更是乡村精神财富的振兴。首先，中华民族五千多年的发展历程凝练了丰富且深厚的优秀文化（主要包括民俗文化、传统服饰、各色美食、艺术表演、手工艺术等），别具一格的传统文化是中华民族的瑰宝，理应不断发扬光大，薪火相传。但随着时代的发展，一些传统文化逐渐没落，面临无人传承的困境。强化乡村人才振兴，深入挖掘乡村本土文化人才，支持乡村文化能人，促使中华优秀传统文化后继有人。其次，部分乡村文化缺少创新性，未能跟上时代发展的步伐，乡村技艺传承人循规蹈矩、抱残守缺，导致一些技艺逐渐边缘化。因此，急需培养一批有新意、有情怀、有担当的乡村人才队伍，用创意激活经典、用精神引领潮流，争当乡村文化的传播者。最后，文化振兴不仅要塑形，更要铸魂。现阶段，部分乡村仍然存在重男轻女、封建迷信、不敬不孝等不良风气，不仅背离社会公序良俗，也在不断侵蚀我们的传统文化。着力推进乡村人才振兴，充分发挥农村道德模范作用，教化村民，净化乡风。第四，乡村人才振兴是乡村组织振兴的动力。农村富不富，关键看支部；支部强不强，关键看"头羊"。所谓"头羊"就是指人才，一方面，组织振兴需要源源不断的智力支持，即增加"头羊"的数量储备。乡村人才振兴有助于吸引大学毕业生、退伍军人、能人志士返乡加入乡村基层组织，充实基层组织人才队伍，激发基层组织活力。另一方面，组织振兴需要组织力的持续强化，即增强"头羊"的能力。目前，部分基层党组织存在自由涣散、组织能力下降等现象，一些基层干部故步自封、思想落后、工作态度悲观消极、缺乏创新性。实施乡村人才振兴，选拔出一批有思想、有能力、有干劲、有担当、有感染力的基层党组织干部，领航乡村发展。

（三）乡村振兴战略的贯彻落实推动乡村人才振兴

乡村振兴战略的积极实施促使乡村更加开放、包容、公平，真正干事业的乡贤能人逐渐崭露头角，乡村人才振兴迎来前所未有的发展机遇。与此同时，乡村振兴战略的实施也给乡村发展带来新的挑战，游手好闲、不思进取、故步自封的人将被时代所淘汰。随着乡村振兴步伐的推进，越来越多的惠农民生政策、各类生产要素源源不断地向乡村输送，为乡村人才振兴提供了内生机遇与外引机会。内生机遇主要体现在

两个方面：第一，乡村人才量的提升。乡村振兴战略对乡村人才的需求
远高于现有人才数量，而实现乡村自身"造才"是解决这一矛盾的关
键。因此，国家在智力支持和人才保障的顶层设计上做文章，地方政府
在人才发展规划和利民政策上下功夫，缓解乡村人才外流，推动乡村本
土人才发展。第二，乡村人才质的飞跃。乡村振兴为乡村发展带来了资
金等资源，大量的资金不仅为乡村人才提供了基本生产生活保障，也为
其带来了内容丰富、形式多样、特色鲜明、应运性强的培训进修机会，
提升了乡村人才的综合素质。外引机会在于，乡村振兴不是独角戏，而
是事关乡村政治、经济、文化、环境等的共同发展。政府从国家层面号
召各类人才积极落实乡村振兴战略，改变了以往乡村单向支援城市的现
状，与此同时，乡村振兴促使乡村的基础设施更加完善，社会公共服务
更加科学合理，社会保障更加多样、医疗和教育更加普及，吸引大量外
流人才返乡创业，推动乡村振兴战略落地生根。

第四节　乡村人才振兴相关理论

一、马克思关于人才的基本理论

马克思关于人才的基本理论经过不断探索与发展，逐步形成了独具
特色的人才基本理论，并呈现出别具一格的特点。一是人民性。人民群
众是社会物质财富的创造者，是社会精神财富的缔造者，是社会变革的
决定力量，马克思的人才理论始终以人民为中心，代表最广大人民的利
益。二是实践性。实践是社会关系的本质和基础、实践是检验真理的唯
一标准，马克思的人才理论立足实践，旨在发挥科学理论指导实践的积
极作用，重视人才的实践活动。三是现实性。现实是客观存在的事物或

事实解释，马克思的人才理论是以社会现实为依据，以客观存在以及实际情况为基础培育人才、吸引人才、使用人才。四是科学性。科学性是判断事物是否符合在时间和空间中存在的事物、现象和过程中的标准，富有科学依据而不是凭空想象的。马克思的人才理论是符合实际且具有科学依据的，科学合理地推动人才发展，不断为社会发展添砖加瓦。马克思的人才理论是代表广大无产阶级的人才理论，其将实现"共产主义"作为自己的行动纲领，逐渐形成科学、系统、完善的科学理论，对我国人才工作的具体实施具有较强的指导意义。

马克思的人才理论主要体现在以下四个方面：第一，劳动价值论。劳动价值论从一个崭新的角度阐释了人在资本主义生产活动中的贡献。一方面，人通过劳动对自然界实施再加工，能够在很大程度上满足人们的需求，并使人变得富有；另一方面，价值是凝结在商品中的无差别的一般人类劳动，也就是所谓的人类脑力和体力的耗费，即劳动创造价值。第二，生产力要素理论。从历史的发展长河中看，生产力的进步得益于多方面的因素，而劳动者是推动生产力进步最关键的因素，劳动者通过发明新的生产工具、全力提升自身生产效率、自由选择劳动对象，实现财富的快速积累。生产力要素理论作为马克思人才理论的出发点，充分强调了人才对社会经济发展进步的重要作用，奠定了马克思人才理论的基础。第三，人的全面发展理论。马克思主张人是社会活动的主体，虽然每个活动主体掌握的理论知识、拥有的生产技能、具备的综合素质是不同的，但都可通过社会的不断发展实现自身的全面发展与进步。此外，要充分给予人自由发展的权利，创造自由发展的机会，创设自由发展的环境，实现真正意义上的全面发展。第四，人与环境的关系理论。人与环境是互相作用的，人是环境的产物，但同时人的活动也会在一定程度上影响环境。人可以通过发挥主观能动性去改造自然、改善环境，进而推动社会不断发展进步，改进生产方式、完善社会制度。反之，自然环境、社会环境、经济环境、制度环境等也会在无形中影响人类活动。因此，我们在实施乡村人才振兴战略时要重视环境因素对政策效果的影响。

二、中国共产党历代领导人关于乡村人才的思想

新中国成立以来，党中央在充分吸收借鉴马克思关于人才基本理论的基础上，因地制宜、精准施策，积极采取适宜我国国情的乡村人才发展政策，日益走出一条别具一格且具有中国特色的乡村人才振兴道路。

（一）毛泽东的人才思想

毛泽东认为马克思关于人才的基本理论是非常正确且富有远见的，并将其与中国当时的现实国情融会贯通，广泛应用在当时中国经济恢复与社会建设中。中国的未来是要靠具有远见卓识的人才来推动的，因此，毛泽东依据当时社会主义建设的实际需求，创造性地提出"德才兼备、又红又专"的人才选拔标准。德才兼备是指，人才不仅要有较强的工作能力，还要有高瞻远瞩的政治远见，更要有为人民服务的觉悟与敢于牺牲的大无畏精神；"红"是指中国的红色革命，人才要以马克思列宁主义为指导思想，坚定无产阶级的政治立场，全心全意为人民服务；"专"是指专业，人才要具备专业的技术与业务。在人才选择问题上，毛泽东坚持不拘一格选拔人才，任人唯贤，切勿选择那些碌碌无为、浑水摸鱼的人；在人才培养问题上，毛泽东在《实践论》中提出实践是检验人是否真的成长的准则，强调了人才具备实践能力的重要性；在人才发展问题上，毛泽东在《关于正确处理人民内部矛盾》中强调"在开展教育事业的时候，要注重发展的协调性，培养对国家发展有用的人才"，注重人的全面发展。与此同时，毛泽东敏锐地察觉到，在中国这样一个特殊的社会主义国家里，农村发展十分重要，未来

工业化、城镇化发展都要依靠农村。

（二）邓小平的人才思想

邓小平客观公正地评价新中国成立后一些失败的经验教训，提倡积极主动吸收借鉴国外先进的发展理念，并广泛应用在中国的经济恢复与社会发展中，及时纠正党内的各种错误，重新审时度势地找到适合当时中国发展的正确道路。自 20 世纪五六十年代开始，世界各国逐渐意识到科学技术对国家发展的重要性，普遍通过技术创新来实现经济实力的赶超。在世界各国普遍注重发展科学技术的现实背景下，邓小平逐渐意识到科学技术对经济发展的重要性，也日益察觉到人才是推动科学技术进步的动力引擎。科技是第一生产力，人才也是第一生产力。基于此，邓小平将人才发展问题提升到国家战略层面，举国上下掀起人才发展的浪潮。1977 年，邓小平在《尊重知识、尊重人才》的讲话中号召必须在党内形成一种尊重知识、尊重劳动、尊重人才的良好氛围，重新认识知识分子同样是劳动者，彻底摒弃对知识分子轻视、带有偏见的错误认知，广泛吸引大量人才主动献身于中国特色社会主义现代化建设中来。与此同时，在人才发展政策方面，邓小平认为我们应积极争取社会发展与人才发展步调一致、同频共振，不断挖掘人才潜能，促使人才、经济、社会、环境协同发展。此外，邓小平始终秉持农业第一位的思想，十分重视农业农村的发展，多次强调中国经济不能忽视农村农业发展。

（三）江泽民的人才思想

新中国成立以来，党和国家已逐渐认识到人才对于经济社会发展的重要性，以及人才培养的紧迫性，将人才发展提升到国家战略层面，不断为社会主义建设培养优秀人才。在日益严峻的国际形势下，世界各国都在虎视眈眈地盯着中国。现阶段，需广泛开展人才发展工作，以人才做支撑，积极应对国际国内的政治、经济变化。在内忧外患的现实背景下，江泽民同志以世界的眼光，站在时代的高度，提出"人才资源是第一资源"的科学论断。这一论断与邓小平同志"科学技术是第一生产力"的思想具有同等重要的理论意义和实践意义，充分表明了人才发展的重要性。"人才资源是第一资源"的科学论断，是对当时时代特征与社会发展规律的准确把握，是对人才这一战略资源在经济发展和社会进步中基础性、决定性地位的科学概括，对于做好新时期的人才工作具有重要的指导意义。与此同时，江泽民提出"科教兴国"战略，认为人才培养与教育发展同等重要，需要通过教育逐步提升人才的综合素质与实践能力，进而推动我国科技进步与社会发展，通过大力发展教育，为国家培养优秀人才，为社会主义建设培养合格的建设者和可靠的接班人。

（四）胡锦涛的人才思想

胡锦涛在深刻领会马克思关于人才的基本理论与中国共产党历代领导人关于人才发展指导思想的基础上，创新性地阐明了人才在社会、经济、政治发展过程中的主导地位与重要作用，形成了系统完善的科学人才观。科学人才观指导下的人才工作，必须是以实施人才强国战略为根本任务，以促进经济社会发展为根本目的。科学人才观主要包括以下三方面的内容：第一，重新界定人才的基本概念。2003年，在第一次全国人才工作会议中明确"具备必要的知识与技能，能够进行创造性的劳动，在中国特色社会主义建设事业中做出贡献的都是党和国家的人才"，树立、落实人人可以成才的观念，人才存在于最广泛的人民群众之中，拓宽育才、识才、用才的范围。人才具有多样性、广义性、层次性、相对性、发展性等，坚持德才兼备的原则，以品德、知识、才能、业绩等综合素质作为选拔人才的标准，破除"唯学历、唯职称、唯资历、唯职务"的片面人才选拔标准,不拘一格选人才。第二,逐步完善科学合理的人才培养机制。通过营造健康良好、积极向上的发展环境激发人才潜能,充分应用科学合理的奖惩机制与晋升机制,促进人才全方位发展。第三,坚持党对人才工作的领导。人才工作要沿着正确的发展方向,胡锦涛强调"坚定树立党管人才的理念",党管人才,就是从宏观、从协调、从政策、从服务上进行管理;就是遵循人才发展规律、社会主义市场经济规律、人才资源建设利用规律,来制定好政策、整合好力量、创造好条件、营造好环境;就是按照管好管活的要求,把各类各级人才的积极性和创造性引导好、保护好、发挥好。①

(五)习近平的人才思想

十八大以来,习近平总书记立足国际新形势与实现中华民族伟大复兴中国梦的战略高度,高屋建瓴地将人才发展作为国家重点战略问题,逐步形成了科学合理的人才理论体系。习近平的人才思想是对新中国成立以来党在不同时期人才思想的批判与继承,也是习近平新时代中国特色社会主义思想的重要内容。习近平的人才思想可概括为以下四个方面:第一,习近平人才战略观。将人才发展问题纳入经济社会发展的总体布局,强化人才意识,树立科学人才观,尽全力发掘人才、选拔人才、应用人才,凸显人才在治国理政中的关键作用。第二,习近平对人才的重要论述。秉承科技是第一生产力、人才是第一资源的理念,持续推进科教兴国战略,推行教学改革,提高教育质量、提升教育水平。紧扣全面深化改革攻坚期的国情,紧随时代发展潮流,培育符合时代发展需求的全面性人才。第三,习近平人才管理使用观。治国之要首在用

---

① 陈元旭,郑晗,吕晓岚. 中央公益性地质调查队伍高层次科技人才培养研究 [J].
中国国土资源经济,2013,26(10):62-66.

人，择天下英才而用之。坚持党管人才的原则，逐步建立灵活多样的人才管理机制，健全人才使用政策制度，秉持任人唯贤、德才兼备，真正实现知人善任，人尽其才。第四，习近平人才环境观。全国上下凝心聚力，全力营造尊重知识、尊重人才的良好氛围，创造积极向上的用人环境，为人才提供施展才华的舞台。习近平总书记关于人才的重要论述是我们党和国家新时代人才工作的行动纲领，为国家人才发展指明了方向。值得注意的是，习近平总书记人才思想中对乡村人才有非常独到的见解，提出在坚持党管人才的基本原则上，逐步完善乡村人才教育、培训、管理机制，为乡村人才发展提供广阔的空间，汇集更多的人才投身"三农"事业，为全面贯彻落实乡村振兴战略提供了人才保障与智力支持。

1. 明确人才培育的基本要求

习近平总书记从党和国家事业发展的实际出发，结合时代特色与人才特点，科学阐释了乡村人才培育的基本要求，为乡村人才振兴提供了培育原则与基本遵循。

第一，有坚定的理想信念。理想信念支撑着我们的初心使命，中国共产党自成立之日起，就将实现共产主义作为自己的远大理想与奋斗目标，将依靠农民、为亿万农民谋幸福作为重要使命。现阶段，我国"三农"事业发展获得了显著成就，农业日渐现代化、科技化，农村日益生态化、可持续化，农民日趋小康化、健康化，但同时我们也应看到，城乡差距日益扩大，乡村人才外流严重，资金瓶颈等不利因素影响三农的进一步发展，因此，我们需要培育一支具有坚定理想信念，能够将理想信念转化为乡村服务的动力，真正愿意扎根乡村、为乡村奉献的人才队伍。

第二，有过硬的本领才干。发展现代化农业是实现乡村振兴的根本出路，现代化农业的快速发展对乡村人才提出了新的要求，因此需要培养一批学习能力强、拥有过硬本领才干的乡村人才。首先，树立终身学习的理念，明确学习目标，主动学习新知识，掌握新技能，不断提升个人综合素质。其次，掌握科学的学习方法，学会自主学习，实现人生价值。最后，注重理论与实践的有机结合。缺乏实践的理论就如同纸上谈兵，没有可借鉴的意义与价值，只有知晓了理论、用实践验证理论、修正理论，才能真正实现从量变到质变。乡村人才要将学习贯彻到生活的方方面面，更重要的是将理论知识与农业技能灵活应用在农业生产实践中，充分发挥乡村人才的引领作用。

第三，有敢于改革创新的精神。创新是一个民族进步的灵魂，是一个国家兴旺发达的不竭动力。贯彻落实乡村振兴，需要一批愿意接受新事物、不怕失败、敢于创新、乐于奉献的人才去推动。乡村人才不仅要饱含创新意识，更要有敢于改革创新的勇气、坚韧不拔的毅力以及坚定不移的决心。一方面，深化乡村人才的创新教育，通过校企合作或产学研平台培养乡村人才的创新创业能力；另一方面，鼓励乡村人才下基层、多实践，在丰富多彩的实践中激发创新的灵感、磨炼意志。

第四，有高尚的道德品质。"国无德不兴，人无德不立"，良好的道德是中华民族精神文化传承的基石。中国著名教育家、思想家陶行知说过："道德是做人的根本。根本一坏，纵然使你有一些学问和本领，也无甚用处。"乡村人才是乡村精神文明建设最强劲的引导者，乡村人才的道德品行会对农民行为举止产生深远的影响。乡村人才不仅要有过硬的本领才干，更要有高尚的道德品质，德才兼备，才能真正带领农民实现乡村振兴，充分发挥乡村人才的引领示范作用。

第五，有强烈的责任担当。乡村人才不仅要有过硬的本领才干，也要有高尚的道德品质，更要有帮助农民增收致富与投身乡村振兴事业的责任担当，并要将这种责任担当贯穿工作的始终。乡村人才作为乡村发展的"开拓者"，更加需要强烈的责任担当，奋发有为。习近平在纪念五四运动 100 周年大会上指出："只要青年都勇挑重担、勇克难关、勇斗风险，中国特色社会主义就能充满活力、充满后劲、充满希望。"习近平指出乡村人才要以崇高的理想信念为支撑，以过硬的本领才干为基础，以改革创新为动力，以高尚的道德品质为准则，以强烈的责任担当为使命，明确了乡村人才培育的基本要求，为乡村人才培育指明了方向。①

2. 积极培育本土人才

乡村人才振兴不仅要吸引优质人才到乡村发展，而且要注重培育本来在生长地的乡土人才，尽全力解决人才短缺的瓶颈问题。

第一，树立强烈的人才意识。意识是行为的驱动力，缺乏人才意识，就相当于缺乏慧眼识"千里马"的"伯乐"。强化人才意识，积极营造"尊才、爱才、敬才、惜才、引才、留才、用才"的良好氛围，破除"唯学历、唯职称、唯资历"的人才轻视观念，以品德、实践业务能力、业绩等为导向，客观公正、科学合理地评价专业技术人才，增强人才的获得感与幸福感。不拘一格用人才，为真正了解"三农"的"田秀才"和"土专家"提供施展拳脚的舞台，充分发挥乡村人才的创造力与创新力，助推我国从人口大国发展成为人才强国。

第二，明确培养对象与目标。习近平指出解决好"谁来种地"的问题，核心是要解决好"人"的问题。只有培养造就一支真正"懂农业、爱农村、爱农民"的三农工作队伍，才能有效推进乡村振兴。一是要重点培育符合时代发展与人民需要的乡村基层干部，"羊群走路靠羊头"，乡村振兴不仅需要科学且适宜的路线方针政策，还需要对政策坚决贯彻落实的干部队伍，乡村基层干部应充分发挥领头羊的先锋作用。二是积极培育教育服务型人才，加强新时代乡村教师队伍建设。教

---

① 李炎. 习近平人才观视域下人才培育研究［D］. 太原：山西师范大学，2020.

师是一盏灯,为我们照亮前行的路,新时代的发展对人才素质提出了新的需求,而新需求的满足要以加强教师队伍建设为前提,充实教师队伍是乡村人才可持续发展的根本保障。三是着力培育农业生产人才,重点是培育新型职业农民。新型职业农民是推进农业农村现代化的主力军,逐步完善新型职业农民培育机制,落实国家政策方针,培育高水平、高层次、能力强、技术优的农业生产人才。四是培育创业经营型人才。农业高效化发展离不开创业经营性人才,创业经营性人才能够有效捕捉市场信息,充分了解市场需求,有效整合各类资源,将区域内的特色产业企业化、品牌化、规模化,带动农民增收致富,促进乡村振兴。五是培育农业科技人才。科技创新是推动社会发展进步的动力引擎,在农业转型发展的关键时期,需要科技创新助力农业发展,进而带动"三农"发展,坚决贯彻落实科技特派员制度,广泛引进科技人才,充分发挥其示范带头作用,推进科技助力乡村振兴新局面。

第三,充分发挥教育的基础性作用。"大学之道,在明明德,在亲民,在止于至善",教育能够给国家提供具有崇高信仰、道德高尚、诚实守法、技艺精湛、博学多才、多专多能的人才,为国、为家、为社会创造科学知识和物质财富,推动经济增长,推动民族兴旺,促进人的发展,推动世界和平和人类发展。教育是人才培育的主阵地,加快推进乡村教育事业发展是破解乡村人才资源不足的基础,也是乡村人才振兴的关键。一方面,重视乡村基础教育发展。现阶段,乡村地区师资力量薄弱,教师和学生流失严重,乡村教育质量急需提升。因此,着力推动城乡义务教育一体化发展,为乡村振兴提供坚实的人才后盾。另一方面,大力发展职业教育。"职业教育是国民教育体系和人力资源开发的重要组成部分",重点培育一批技术精湛、能力高超的技术人才,全方位推动乡村振兴发展。

3. 用好用活各类乡村人才

培育人才的最终目的是要人尽其才，才尽其用，要在乡村振兴进程中发现人才，高效利用各类乡村人才。

第一，严把德才标准。"德为才之帅，才为德之资"，德才兼备，以德为先。乡村人才的选拔要坚持以德为先、任人唯贤的标准，重点关注人才的德行修养。党的十九大报告提出要建设一支"懂农业、爱农村、爱农民"的乡村人才队伍，"一懂两爱"不仅明确了乡村人才需要具备先进的农业生产技能、高效的学习技能与果断解决问题的能力，还进一步强调了乡村人才应发自内心地热爱农村、热爱农民，摒弃消极怠慢的思想情绪，将"三农"发展内化为自身的初心使命，主动融入农村、深入基层，将自己的青春热血洒在农村的每一寸土地上。

第二，坚持公正用人。封建社会时期，对人才的界定过于狭隘，只有极少数有身份、有地位、有名望的人才能称为人才，忽视了大量推动社会进步、为社会创造财富的大众人才。新中国成立后，人才界定为干部阶层与知识分子。改革开放后，将人才界定为具有中专以上学历、初级以上职称的人，人才界定的范围有所扩大，但仍然将一些土生土长、自学成才的能工巧匠排除在人才队伍外。2003 年，全国第一次人才工作会议指出"只要具备一定的知识或技能，能够进行创造性劳动，为推进社会主义物质文明、政治文明、精神文明建设，在建设中国特色社会主义伟大事业中做出积极贡献，都是党和国家需要的人才"[1]。破除了长期"唯学历、唯职称、唯地位"的人才界定局限，更加重视人才的多样化、个性化发展。2013 年，习近平总书记在全国组织工作会议中进一步强调树立强烈的人才意识，摒弃传统僵化、偏见思想，坚持公

---

[1] 殷凤春. 试析马克思主义科学人才思想的形成与发展 [J]. 盐城师范学院学报（人文社会科学版），2012，32（4）：264-265.

正用人，打破学历与职称限制，全面考量乡村人才的综合能力，真正实现聚天下英才而用之。

第三，科学合理用才。引才、育才的最终落脚点是用才，能否将人才高效转化为推动社会发展的动力资源，关键就在于是否实现了物尽其用，人尽其才。从人才的自身能力与工作需要出发，科学合理运用人才，以事择人，真正做到知己知彼，百战不殆。一方面，充分了解人才自身的能力与特长，金无足赤，人无完人；尺有所短，寸有所长。每个人都有自己的闪光点，在日常用人过程中，应避免毫无针对性的过分追求人才的全面化发展，善于发现每个人的优点与长处，运用"多双眼睛、多套标尺、多种方式"选贤举能，以人为本，全方位运用人才。另一方面，充分了解各个岗位的需求，将合适的人才推选至适宜的岗位，实现人才与岗位的合理匹配，充分激发人才的个人优势与个人魅力，积极发挥岗位职能与作用，扬长避短，发挥人才价值，实现资源的优化配置。

4. 营造积极向上的乡村人才培育环境

环境之于人才，犹如水之于鱼，林之于鸟。"环境好，则人才聚、事业兴；环境不好，则人才散、事业衰"，营造积极向上的人才培育环境对于乡村人才的发展具有至关重要的作用。

第一，重点强调重才、爱才、惜才、敬才的培育理念。一方面，秉承重才、爱才、惜才、敬才的理念去发现人才，努力寻找那些广泛被人民群众接纳、称赞、拥戴、举荐的人才。同时，克服"唯学历、唯职称"的限制，拓宽人才界定范围，丰富人才适用类型，强化人才实践技能，善于发现乡村土生土长的乡村专家、人才，平等公正地看待人才，给予乡村人才充分的肯定与尊重。另一方面，真诚地关心爱护人才，为乡村人才提供广阔的发展空间，积极主动为人才营造勇于创新、直面失败挫折、不怕艰难险阻的氛围，切实保障人才的各项权益，真正做到爱才重发展、护才不怕错，充分激发人才的创造性、积极性、主动性，全方位推动乡村人才队伍建设。

第二，重视乡村人才实践能力的培养。实践出真知，实践出人才，"实践是检验真理的唯一标准"。乡村人才的健康成长需要具备科学系统的理论知识，更要有丰富多样的实践经验，合理地将理论知识与实践经验相结合，以便更好地指导实践、巩固理论。一方面，广泛深入基层，密切联系群众，在实践中不断磨砺意志、塑造品格、提升能力。着力改变现阶段普遍存在的理论与实践严重脱节、科研成果转化难等问题，加强乡村人才理论知识与实践技能的培养，夯实理论知识，丰富实践技能，全方位推动乡村人才发展。另一方面，充分尊重人才的成长发展规律。十年树木，百年树人，人才的成长是一个漫长且艰辛的过程，揠苗助长只会破坏原有的成长规律，导致根基不稳，难以成才。坚持干部从基层培养，人才从一线选拔的原则，选派一批肯吃苦、勇担责、敢创新的人才深入基层，给予其充分的成长时间与空间，提高本领才干，充实乡村人才队伍。

第三，营造针对性的培育环境。首先，营造全面从严管理的乡村基层干部培育环境。乡村基层干部是有效管理乡村、实现乡村振兴的基础，是贯彻落实党和国家各项路线方针政策的第一线。从严管理乡村基层干部，是坚决贯彻落实全面从严治党的基本要求，是夯实党在农村执政根基的必然选择，坚持做到从严选配把好"入口关"、从严培训打造"主心骨"、从严管理戴上"紧箍咒"、从严追责形成"高压线"。其次，营造积极向上的农业生产人才培育环境。实现农业强、农村美、农民富的前提是要吸引一批有志青年积极扎根农村，献身农业，努力培养造就一支有情怀、有责任、有担当、爱农村、爱农民的新型职业农民队伍，优化乡村人才结构。再次，营造大众创业、万众创新的创业经营型人才培育环境。创新是社会发展进步的动力之源，是面对国际激烈竞争的强国之策，是实现小康社会的富民之道。积极推进民营企业减税降费政策落实，着力解决民营企业融资难、融资贵的现实困境，努力营造公开、公平、公正的民营企业竞争环境，激发全民创新活力，全力支持民营企业创新发展。最后，营造精湛、专业的农业技术人才培育环境。深化教育体制改革，科学规划教育发展全局，重点实施高校、科研机构与农业合作社的深度合作，广泛开展送知识下乡与职业继续教育活动，为乡村发展源源不断地输送知识力量，实现资源的优化配置。

三、人力资源管理理论

（一）人力资源管理的概念与功能

人力资源管理有宏观和微观两个层面。宏观的人力资源管理是指一个国家或地区通过制定政策、制度，投入资源，设立管理机构等措施，促进本国或本地区的人力资源有效使用和开发，保证社会协调发展；微观的人力资源管理是指为实现组织和个人发展目标，对组织人力资源规划、选拔与录用、培训与开发、考核、激励等职能活动的计划、组织、领导和控制活动。

现代人力资源管理的核心功能存在于人力资源的吸引、保留、激励和开发，通俗的说法即人才的选、育、用、留。所谓吸引，就是从劳动力市场上（其中包括其他组织中）吸收优秀的人才加入组织。吸引优秀人才的努力直接体现在组织的招募和甄选上，一个组织必须在薪酬、培训开发、管理风格、组织文化、行业地位等多个方面对求职者产生吸引力。保留是指一旦优秀人才进入本组织，那么，在这些人对组织有价值的情况下，设法使他们愿意在较长一段时期中为组织提供服务。在这方面，如何通过各种人力资源管理手段来提高员工的工作满意度、组织承诺度就显得至关重要。如何让员工能发挥积极性和潜在的能力，激励措施的制定、实施不可或缺。激励手段除了传统的薪酬激励，还需要针对不同特征属性的员工需求制定通用和专用的激励体系和制度，如企业的目标管理体系。此外，针对员工需求的激励管理技能，如上级对员工绩效的赞赏和认可等其他方式，是必要的。企业通过开发，不断提升员工的能力，让员工不断学习和进步，积累自身和企业的人力资本。在这方面，组织需要完善晋升体系、培训体系，重视员工职业生涯规划等工作，从而为员工提供组织内部不断成长和发展的机会。

（二）人力资源管理的主要作用

第一，帮助组织达成战略目标或经营要求。企业是提供产品和服务的组织。企业之所以需要人，最根本的原因还是在于企业需要雇用人来帮自己做事，从而实现企业的既定目标。人力资源管理能够产生的作用主要在于两个方面：一是帮助组织获得正确的人，即确保雇用的员工具备工作所需要的知识、技能、能力以及工作经验等条件，同时还具备正确的工作动机和价值观；二是确保正确的人能够在正确的时间通过正确的工作方式为组织做出贡献，即确保员工个人、员工群体以及整个员工队伍不仅都在做正确的事情，而且在高效地做事，按照组织的战略和经营需要高效率地开展工作，而不是偏离组织目标各行其是。

第二，有效利用组织全体员工的技能和能力。人力资源管理应该使组织中人的力量能够以综合、协调、互补的方式得到有效的利用。同时能够为客户、股东和员工谋福利，而不是由于人和职位的不匹配或激励不当等原因而导致人才浪费，或者抑制员工释放潜能。很多时候，员工的工作绩效不仅取决于员工个人的知识、技能、能力、经验以及工作动机等因素，组织的岗位配置、技术配备、人员组合、工作流程、组织氛围与文化以及组织对员工的培养、绩效管理系统、薪酬制度等，都会对员工的工作积极性及其工作绩效的提升产生影响。

第三，使员工的工作满意度和自我实现感得到最大限度的提高。人际关系理论早就指出，人在工作中会受到很多心理和社会方面的影响，这些因素会直接影响其工作绩效。因此，任何组织中的员工都有自己的心理需求。要想使员工富有生产率，就必须让他们感觉到自己所做的工作是重要的，自己有能力完成工作，并且自己得到了公平的对待和尊重。这就要求人力资源管理职能能够帮助组织形成令人满意的管理和监督风格，为员工提供适当的工作自由度和决策自主性、令人满意的工作环境、工作的保障性、令人满意的时间安排以及有意义的工作任务等。

第四，帮助组织维护伦理道德政策以及履行社会责任。在现代社会中，组织必须在公平对待员工、反歧视（如性别歧视等）、保护劳动者合法权益等诸多方面，保持自己的道德标准，践行社会公民责任。在这些方面，人力资源管理都能扮演非常积极的角色。从理论上说，一个组织的人力资源管理实践要想符合伦理道德的要求，必须满足以下三个基本标准的要求：一是人力资源管理实践必须能够为绝大多数人带来最大利益，二是必须尊重员工个人的隐私权、自由同意权以及言论自由权等基本人权，三是管理者必须公平、公正地对待员工和客户。我国企业在这方面给予关注的程度还不够，绝大部分企业都缺少关于伦理道德管理的明确描述。

第五，以一种统筹兼顾个人、群体、组织和社会利益的方式进行变革管理。竞争的激烈化以及市场的全球化使大多数组织都不得不经常进行各种变革，如果变革不当，不仅员工会受到不必要的冲击和伤害，整个组织乃至整个社会都会受到损害。而在变革过程中，人力资源管理对于确保变革的顺利进行，同时保护员工个人以及社会，尽量减少风险和动荡，能够起到非常重要的作用。近年来，随着远程工作、人力资源管理职能外包、员工援助计划、福利成本分担等诸多人力资源管理领域的发展变化，仍需要组织的人力资源管理者持续完善以前的人力资源管理模式，并努力寻找、有效利用一些新的更加富有弹性的人力资源管理方法。

（三）人力资源管理的专业内容

1. 人力资源战略与规划

企业根据对内部和外部环境的分析制订企业战略目标，科学地分析预测组织在未来环境变化中人力资源的供给与需求状况，制订必要的人力资源获取、利用、保持和开发策略，确保组织在需要的时间和需要的岗位上对人力资源在数量和质量上的需求，使组织和个人获得不断的发展与长期的利益。[①]

2. 工作分析

为了实现组织的战略目标，人力资源管理部门要根据企业的组织结构，确定各岗位的职务说明书与员工素质要求，并结合组织、员工及工作的要求，为员工设计激励性的工作。工作分析的目的是确保人与工作之间的最佳匹配，这是人力资源管理的一项重要工作。工作分析的信息被用来规划和协调几乎所有的人力资源活动，是人力资源管理的基础环节。[②]

3. 员工招聘与录用

为企业获取合格的人才是人力资源管理的重要活动之一。员工招聘是企业获取合格人才的渠道，是组织为了生存和发展的需要，根据组织的人力资源规划和工作分析对人力资源数量及质量提出的要求，采取科学的方法寻找、吸引具备资格的个人到本企业来任职，从中选拔出适宜人员予以录用的管理过程。此外，很多企业在出现工作空缺后，使用招聘的模式，优先在组织内部组织招聘活动，实现内部人才的优化配置，

---

① 姜洪桥. 国有企业探索人力资源现代化管理 [J]. 中外管理导报，2001（9）：41.
② 张志良. 包头市青山区兴胜镇人力资源管理研究 [D]. 呼和浩特：内蒙古大学，2013.

在内部人才的数量和质量不能满足要求时，才采取外部招聘的方式。

4. 员工培训与开发

培训与开发是通过有计划的学习活动指导员工如何完成其目前或未来工作，为解决目前工作的问题和将来的工作做好准备。企业通过在职培训，以及素质和潜能的培育与发掘，帮助员工改善和发挥其知识、技能和素质，提高对组织的归属感和责任感，更好地实现自身价值，提高工作满意度，从而帮助组织减少事故，降低成本，增加人力资源贡献率，提高生产效率和经济效益。

5. 员工职业生涯管理

人力资源管理部门有责任帮助员工制订个人发展计划并定期监督和考察。这主要是引导员工将个人发展目标与企业的发展方向相一致、相协调。同时，鼓励和关注员工的个人发展，让员工产生归属感，激发其工作的积极性和创造性。

6. 绩效管理

组织通过绩效计划、绩效辅导、绩效评价与绩效反馈等绩效管理活动，考核员工工作绩效，及时做出信息反馈。一方面，发现绩效不足的员工，找出原因，制订绩效改进方案，提高员工工作技能，或者根据员工特长和能力，对员工工作做出调整；另一方面，对评价中表现优秀的员工，企业通过晋升、加薪等多种方式使员工产生满足感和成就感，从而确保员工绩效不断提高的同时，实现企业绩效的提升。①

7. 薪酬管理

薪酬管理是人力资源管理活动中最为敏感、最受关注、技术性最强的部分。它包括基本薪酬、绩效薪酬、津贴、福利等报酬内容的设计、

---

① 冀尧峰. 内蒙古边防总队人力资源管理优化研究［D］. 呼和浩特：内蒙古大学，2013.

分配和管理。它是组织吸引和留住人才、激励员工努力工作、发挥人力资源效能的最有力的杠杆之一。薪酬管理的原则是对外的竞争性、对内的公平性、对员工的激励性。

8. 劳动关系管理

劳动关系是劳动者与用人组织在劳动过程和经济活动中建立的社会经济关系。一个组织的劳动关系是否健康和融洽，直接关系人力资源管理活动能否有效开展，直接关系组织的人力资源能否正常发挥作用。劳动关系的内容包括劳动安全、员工福利、劳动冲突以及相关的法律问题。劳动关系管理的核心目标就是建立合法、合理，让工作参与各方满意、融洽的人际关系。[①]

（四）人力资源管理的理论基础

人力资源管理的主体和客体都是人，对人的假设是研究和管理实践的基础，不同的假设会导致不同的管理理念、管理方法和管理行为。对于人性假设理论，很多学者都进行过深入的研究，其中最具代表性的就是美国行为科学家道格拉斯·M. 麦格雷戈提出的"X 理论-Y 理论"、约翰·J. 莫尔斯和杰伊·W. 洛尔施提出的"超 Y 理论"、美国行为科学家埃德加·H. 沙因提出的"四种人性假设理论"。

1. X 理论

X 理论是由美国工业心理学家道格拉斯·M. 麦格雷戈提出的。它假设人以自我为中心，生来好逸恶劳，自私自利，对组织目标和他人的利益漠不关心，缺乏理性和自律，没有主见，容易受他人的影响，只要有可能就会逃避工作，不愿意承担责任。基于 X 假设，最有效的管理方法就是以经济报酬为拉动力，以强制和惩罚为推动力，依靠权力和制度进行管理。

---

① 潘彦. 4S 品牌专卖店人力资源管理策略研究［D］. 成都：西南财经大学，2008.

2. Y 理论

与 X 理论相对，麦格雷戈提出了 Y 理论。Y 理论认为人生来并非好逸恶劳，只要有可能，人都是愿意勤奋工作的，有责任感，对自己承诺的事情能够自我指导和自我控制，并不是在强制和惩罚下才会努力工作，最吸引人的回报并不是金钱和物质，而是自我价值的实现，对组织目标和他人利益并不是漠不关心，如果组织能够创造机会，员工会自觉调整自己的目标并与组织目标保持一致。人有着巨大的潜能，只有提供机会和创造条件，才能让员工发挥他们的想象力、创造力。基于 Y 假设，管理者必须关注人的社会和心理需要，让员工承担富有挑战性的工作，并努力使工作富有意义，让员工从工作中感受到乐趣、享受成功、获得满足、赢得自尊、实现价值。

3. 超 Y 理论

麦格雷戈认为 Y 理论更符合人性，比 X 理论更有效。但是，约翰·J. 莫尔斯和杰伊·W. 洛尔施通过实验研究证明 X 理论和 Y 理论都有其局限性和应用性，进而提出了超 Y 理论。超 Y 理论认为，不能用单一的一种假设来概括所有的人，X 理论和 Y 理论都是对人性的片面理解。人是抱着各种各样不同的愿望和需要加入组织工作的，有的人愿意在正规化、有严格规章制度的组织中工作；而有的人却需要更多的自治和授权，希望承担更多的责任，需要更多发挥创造力的机会。而且同一个人也会随着环境和条件的变化而变化，即使是同一个人在同一时间也会存在多种需要和动机。按照超 Y 理论，管理必须从人所处的外部环境和条件、内部动机和需求、所要从事的工作内容和目标，灵活采用不同的管理手段、方法和行为。①

---

① 李志平. 本科大学师资队伍建设的四个基本问题解读 [J]. 黑龙江高教研究, 2009 (3)：78-80.

4. 四种人性假设理论

美国行为科学家埃德加·H. 沙因把前人对人性假设的研究成果归纳为"经济人假设""社会人假设"和"自我实现人假设",并在此基础上提出"复杂人假设",他将这四种假设排列称为"四种人性假设"。①

（1）经济人假设

这种假设从工作动机的经济诱因方面看相当于麦格雷戈提出的 X 理论,沙因将经济人假设的观点总结为以下四个方面:第一,人是由经济诱因来引发工作动机的,其目的在于获得最大的经济利益;第二,经济诱因在组织的控制之下,因此,人总是被动地在组织的操纵、激励和控制下工作;第三,人以一种合乎理性的、精打细算的方式行事,总是力图用最小的投入获得满意的报酬;第四,人的情感是非理性的,会干预人对经济利益的合理追求,组织必须设法控制人的感情。

（2）社会人假设

这种假设是人际关系学派的倡导者梅奥等人提出的,其最初的依据就是历时 8 年之久的霍桑实验所得出的一些结论。按照社会人的假设,管理的重点就是要营造和谐融洽的人际关系。沙因将社会人假设的观点总结为以下四点:第一,人类工作的主要动机是社会需要,人们要求有一个良好的工作氛围,要求与同事之间建立良好的人际关系,通过与同事的关系获得基本的认同感;第二,工业革命和工作合理化的结果使工作变得单调而无意义,因此必须从工作的社会关系中寻求工作的意义;第三,非正式组织有利于满足人们的社会需要,因此非正式组织的社会影响比正式组织的经济诱因对人有更大的影响力;第四,人们对领导者的最强烈期望是能够承认并满足其社会需要。

---

① 加里·德斯勒. 人力资源管理［M］. 刘昕,译. 北京:中国人民大学出版社,2017.

（3）自我实现人假设

这种假设相当于麦格雷戈的 Y 理论，沙因将自我实现人假设的观点总结为以下四点：第一，人的需要有低级和高级之分，从低级到高级可以划分为多个层次，人的最终目的是满足自我实现的需要，寻求工作上的意义；第二，人们力求在工作上有所成就，实现自治和独立，发展自己的能力和技术，以便富有弹性，能适应环境；第三，人们能够自我激励和自我控制，外部的激励和控制会对人产生威胁，产生不良的后果；第四，个人自我实现的目标和组织的目标并不是冲突的，而是能够达成一致，在适当的条件下，个人会自动地调整自己的目标并使之与组织目标相配合。

（4）复杂人假设

这种假设类似超 Y 理论。沙因认为，经济人假设、社会人假设和自我实现人假设并不是绝对的，它们在不同的环境下针对不同的人分别具有一定的合理性，由于人的需要是复杂的，因此不能简单地相信或使用某种假设，为此他提出了复杂人假设。这一假设包括以下五个方面的观点：第一，每个人都有不同的需要和不同的能力，工作的动机不但复杂而且变动性也很大，人们的动机安排在各种重要的需求层次上，这种动机阶层的构造不但因人而异，而且对同一个人来说，在不同的时间和地点也是不一样的；第二，人的很多需要不是与生俱来的，而是在后天环境的影响下形成的，一个人在组织中可以形成新的需求和动机，一个人在组织中表现的动机模式是其原来的动机模式与组织经验交互作用的结果；第三，人们在不同的组织和不同的部门中可能有不同的动机模式，如有人在正式组织中满足物质利益的需要，而在非正式组织中满足人际关系方面的需要；第四，一个人在组织中是否感到心满意足，是否肯为组织奉献，取决于组织的状况与个人动机结构之间的相互关系，工作的性质、本人的工作能力和技术水平、动机的强弱以及与同事之间的关系等都可能对个人的工作态度产生影响；第五，人们依据自己的动机、能力以及工作性质，会对一定的管理方式产生不同的反应。按照复杂人假设，实际上不存在一种适合于任何时代和任何人的通用管理方式和方法，管理必须是权变的，要根据不同人的不同需要和不同情况采取相应的管理方式。

四、人力资本理论

舒尔茨在《人力资本投资》中指出，人力资本的提高对经济增长的贡献远比物质资本和劳动力数量的增加更重要。人力资本主要包括：第一，个人的知识、经验和技能；第二，个性、品质、态度；第三，工作动机；第四，学习能力和创造能力。人力资本是从资本角度看待人力资源，认可了员工自身的价值，认为它能够创造出超过其自身价值的额外价值。按照其价值属性所做的分类及特点见表1-4。

表1-4 不同类型的人力资本及其特点

特点	核心型人力资本	通用型人力资本	辅助型人力资本	独特型人力资本
价值	高价值，直接与组织核心能力相关	中等价值，支持、参与形成核心能力	低价值，从事辅助性工作	低战略性价值，有助于形成核心能力
稀缺性	掌握公司特殊知识技能	掌握普通知识技能，能与公司实际结合使用	掌握普通知识和技能	特殊知识技能
雇佣模式	组织核心	工作核心	劳务派遣	合作伙伴
工作设计	授权	清晰定义适度授权	准确定义确定范围	团队基础/自主
人力资源管理系统	基于责任	基于流程	基于监督和服从	基于合作

第二章

乡村人才振兴典型案例

第一节　临沂经验

　　乡村振兴关键要靠人才，人才的关键在于培养有能力、有责任、有担当、有情怀的青年人才。临沂把实现"村村都有好青年"作为推动乡村振兴战略有效贯彻落实的智力保障，立足发展现状，广泛整合各项优势资源，积极主动搭建人才平台，齐心协力，培育一批符合乡村振兴需要的农村好青年，为乡村振兴贡献青春力量，也谱写了一篇篇丰富多彩、意义深远的青春赞歌。

　　一、搭建优选平台，助力乡村"好青年"脱颖而出

　　"选"是培育青年人才的第一步，精准选择是培育青年人才的良好开端，直接影响培育工作的成果。第一，在组织领导方面，多部门协作联合印发《关于在全市实施"村村都有好青年"选培计划的通知》，市级层面负责成立领导小组，统筹选培工作，县乡层面负责具体的实施活动，实现市县乡三级联动；第二，在人选范围方面，重点吸引农村青年加入，扩大青年人才选培范围，广泛宣传，充分调动青年人才的主观能动性；第三，在标准程序方面，强调政治修养、思想品德、实践技能、创新创造等综合素养，采用组织提名、群众推荐、个人自荐等方式，遵循公开、公平、公正的原则，精准遴选干事创业的"好青年"。2020—2021年，共选出"好青年"7366名，其中，省级14名、市级445名、县级1857名、乡镇级5050名，逐步建立起省、市、县、乡四级乡村"好青年"人才选培体系，为乡村振兴提供源源不断的人才支持。

二、搭建培育平台，帮助乡村"好青年"成长成才

"十年树木，百年树人"，人才的成长不是一蹴而就的，而是要遵循自然发展的规律，按时"浇水、施肥"，保持良好的心态，耐心等待其成长成才。第一，强化理论武装。充分利用各大学习网站，不断充实乡村青年的理论知识，通过别开生面的学习方式，不断满足乡村青年日益专业化、全面化、个性化、自主化的学习需求。第二，积极开展继续教育培训。贯彻实施"青年农民培训工程"，联合各部门开展形式多样的教育培训，重点解决乡村青年的各种困惑、难题。紧抓电子商务发展潮流，培养一批能力好、专业强的扶贫助农电子商务人才。第三，重视实践能力培养。理论与实践相辅相成，互相作用，两者缺一不可，着力为乡村人才提供广阔的实践锻炼舞台，帮助乡村青年在实践过程中更好地理解内化理论，更好地用理论指导实践，提高实践技能。

三、搭建发展平台，服务乡村"好青年"创新创业

切实满足乡村青年的基本需求，一对一、点对点有针对性地制定切实可行的帮扶政策，保障乡村青年创新创业的顺利实施。第一，灵活运用金融帮扶政策。制定详细、合理的贷款管理办法，为乡村青年提供利息低、额度高、更加快捷方便的贷款服务，并提供形式多样的抵（质）押担保服务，开辟贷款绿色通道，全市已累计为1600余名青年提供贷款逾2.4亿元。同时为高效解决乡村青年复工复产，采取优先评估、快速授信、定向贷款的方式，发放贷款6100万元，有效缓解乡村青年创新创业面临的资金约束。① 第二，积极推动建立青年联盟。在全市 12 个县区成立乡村好青年联盟，并通过座谈会、培训、线上交流等方式开展参观考察、经验交流、技术帮扶等活动，为乡村好青年发展提供了信息资源共享的平台，有助于激发创新创业活力。同时广泛借助互联网等新媒体，缩短交流里程，缓解沟通障碍，加强彼此间的联系。第三，积极主动开展"沂蒙好农品 乡村好青年"宣传推介活动。组织负责统筹协调，拓宽销售渠道，实现农产品产供销一体化发展，加大税收、金融等政策优惠力度，解决乡村青年创新创业的后顾之忧。此外，充分利用互联网、电子商务等媒介推广沂蒙好产品，组织乡村好青年直播带货，不断提升沂蒙农产品的知名度与市场占有率，助力乡村振兴。

四、搭建保障平台，激发乡村"好青年"干事热情

健全各项保障机制，完善基础设施，提升乡村教育、医疗水平，逐步优化乡村青年成长成才的外部环境，努力营造积极向上、公平公正、轻松愉悦、团结友爱的干事创业氛围，不断激发乡村青年积极投身乡村振兴事业的热情，主动引导更多优秀青年返乡创业、扎根基层。第一，建立高效、系统的组织人文关怀机制。积极推荐乡村好青年入党，选取 13 个乡镇、街道作为试点，依托乡村好青年联盟广泛发展优秀党员，确保乡村好青年积极向党组织靠拢，同时将乡村好青年中的优秀党员优先纳入村级后备人才队伍，进入村"两委"班子，择优推荐担任村党组织书记，为乡村优秀青年提供广阔的施展才华的舞台。第二，逐步建立科学合理的正向激励机制。广泛利用微信、微博、抖音、快手，电视、广播、报纸、宣传橱窗等方式宣传乡村好青年的先进事迹，精心制

① 临沂市农业农村局. 临沂乡村振兴典型案例（十五）［EB/OL］. 临沂市人民政府，2021-01-04.

作"沂蒙乡村好青年示范户"宣传牌逐户悬挂，实现在家门口亮身份、亮荣誉。同时将乡村好青年纳入沂蒙青年讲师团成员，积极开展先进事迹分享交流会，突出典型示范引领作用。第三，建立高效、专业的专项考核机制。科学设置"村村都有好青年"选培工作指标，逐步细化考核细则，充分发挥指挥棒的引导作用，建立日常调度、专班推进、跟踪督查机制，强化业务指导和督促检查。

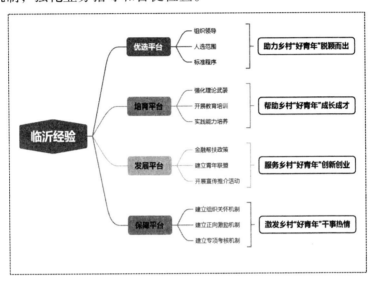

图 2-1　临沂经验图

第二节　长沙经验

功以才成，业由才广。人才兴则乡村兴，人气旺则乡村旺，乡村振兴的关键在于人才振兴，而人才振兴的关键则是人才愿意来、留得住、动真格、出成绩、见效果。推动乡村人才振兴要将人力资本开发放在首位，加强人才队伍建设，强化乡村振兴人才支撑。在"十四五"规划开局之年，在全面推进乡村振兴的关键时期，为破解乡村振兴人才短缺、人口空心化等困境，湖南长沙创造性地采取政策先行的方式吸引大批人才入"湘"干事创业，为乡村振兴提供坚实可靠的人才支撑，奋力书写乡村振兴的伟大篇章，用心描绘出了一幅乡村人才振兴的宏伟蓝图。2021年5月12日，《长沙市乡村振兴产业人才队伍建设若干措施》一经发布，在社会上引起强烈反响。为进一步推动政策落地生根，乡村人才应享尽享政策红利，6月8日，长沙市紧锣密鼓地召开乡村振兴产业人才政策发布暨落实推进会，围绕贯彻落实《长沙市乡村振兴产业人才队伍建设若干措施》，因地制宜地推出13个配套实施办法，逐步建立起乡村人才振兴"1+13"政策体系。长沙市推出的13个乡村产业人才认定支持政策体系是全国首创，惠及长沙近万名乡村人才，截至目前，长沙市共培养现代农业产业领军人才2000余人，培训各类新型职业农民近5万人，培育新型农业经营主体2.8万家，长沙乡村人才队伍不断发展壮大，为长沙乡村振兴战略实施按下了"快捷键"。

长期以来，长沙新型职业农民培育位居全国前列，曾荣获全国新型职业农民培育示范市的荣誉称号。"1+13"政策体系的有效贯彻落实将进一步选拔出农业领军人才、新型职业农民、乡村工匠等乡村优秀人才，为长沙乡村振兴源源不断地输送优质人才资源，夯实乡村人才队伍建设基础。新常态下，长沙市要紧紧围绕乡村人才振兴重塑竞争力、抢占制高点、再创新优势。

长沙市为乡村人才振兴抛出橄榄枝，并派发配套政策优惠大礼包，吸引大批能人志士加入乡村人才队伍，共同助力乡村振兴。

一、认定类政策

认定类政策主要包括现代农业产业领军人才、新型职业农民、乡村工匠、乡村名匠工作室四个认定办法（含认定目录）。第一，《长沙市现代农业产业领军人才认定办法》对现代农业产业领军人才的范围对象进行了明确界定,同时《长沙市现代农业产业领军人才认定目录》进一步明确了现代农业产业领军人才的认定条件。业务实行常年申报、季度认定,经认定的一类、二类、三类现代农业产业领军人才可对应享受长沙市 B、C、D 类高层次人才待遇。第二,《长沙市新型职业农民评价认定管理办法(试行)》明确了新型职业农民的认定范围、认定条件、申报程序以及扶持政策等,对认定为初级、中级和高级新型职业农民的,分别给予 3000 元、5000 元、10000 元的一次性补助,并将在养老保险缴费补贴、政策优先支持等方面获得扶持。第三,《长沙市乡村工匠等级认定管理办法(试行)》明确了乡村工匠的界定、认定方式和补助标准,鼓励全市乡村区域内具有代表性的传统能工巧匠和特色产业技艺技能人才,采取直接认定、评选认定等方式,申报认定初级、中级和高级乡村工匠,分别给予 2000 元、3000 元、5000 元的一次性补助,并支持其设立乡村名匠工作室。第四,《长沙市乡村名匠工作室认定管理实施办法(试行)》明确了乡村名匠工作室由经认定的高级乡村工匠领衔,以传承乡村特色技艺技能为重点,全市每年评选认定 10 家乡村名匠工作室,对认定成功的乡村名匠工作室每家给予 5 万元的工作经费。

二、补贴类政策

补贴类政策主要包括新型职业农民养老保险补贴、青年引才补助、农民大学生学费补贴三个办法。第一,《长沙市新型职业农民基本养老保险缴费补贴实施办法(试行)》明确全市取得中、高级新型职业农民证书,在长沙参加企业职工基本养老保险并按时足额缴费的新型职业农民,基本养老保险缴费补贴采取"先缴后补"方式,补贴年限 5 年,标准为参保缴费年度湖南省企业职工基本养老保险缴费基准值×60%×12%/月;第二,《长沙市新型农业经营主体青年引才补助实施办法(试行)》明确对市域内注册登记并引进了 35 岁以下高校毕业生的家庭农场、农民专业合作社、农业企业、农业社会化服务组织等新型农业经营主体给予补贴，按照大专 500 元/人/月、本科 600 元/人/月、硕士 700 元/人/月、博士 800 元/人/月的标准发放补贴，最高补贴不超过 36 个月；第三，《长沙市农民大学生学费补贴实施办法（试行）》主要对 2021 年 1 月后入学，毕业取得国家开放大学开放教育文凭，以及 2021 年 1 月后取得国家承认学历的成人高等教育或高等教育自学考试专科、本科文凭的市内农村地区居民户口人员进行学费补贴，补贴标准为所交学费的 70%。

三、支持类政策

支持类政策主要包括优秀农业科技特派员项目和优秀农业科技特派员、返乡入乡人才农业创业项目、优秀乡村产业人才资助项目评选三个办法。第一，《长沙市优秀农业科技特派员项目和优秀农业科技特派员评选办法》明确了优秀农业科技特派员项目和优秀农业科技特派员的评选条件、评选程序等内容，全市每三年将评选 10 个优秀农业科技特派员项目，给予 20 万元项目资金支持，评选 10 名优秀农业科技特派员，给予 6 万元个人奖励补贴；第二，《长沙市返乡入乡人才农业创业项目支持办法（试行）》主要支持高校毕业生、退役军人、返乡农民工、留学归国人员、退休人员、事业单位离岗创业人员等返乡入乡人员创业，对相关投资超过 50 万元的符合要求的项目，按投资的 30% 给予补助，最高不超过 100 万元，全市每年将支持不超过 40 个项目；第三，《长沙市优秀乡村产业人才资助项目评选管理办法（试行）》明确每年将评选一次"十佳农业领军人才""十佳新型职业农民""十佳农村青年领头雁""十佳返乡创业银发人才"等优秀乡村产业人才项目，每个项目将给予 5 万元资助资金。

四、鼓励类政策

鼓励类政策主要包括事业单位农技人员兼职服务和离岗创业、退休人员服务乡村振兴两个办法。第一，《长沙市支持鼓励事业单位农技人员兼职服务和离岗创业实施办法（试行）》支持全市范围事业单位在编农业、林业专业技术人员，在履行好本单位岗位职责、完成本职工作前提下，经批准可进入新型农业经营主体开展增值服务，兼职期间待遇不变，并可在兼职单位取得合法报酬、奖励或股权激励。同时，支持农技人员离岗创办、领办、联合经营新型农业经营主体，可保留人事关系，工龄连续计算，发放基本工资，继续享有调整基本工资标准、晋升薪级工资等权利，离岗创业时间累计不超过 6 年。第二，《长沙市鼓励退休人员服务乡村振兴实施办法（试行）》主要鼓励全市机关事业单位、市属国有企业等退休人员，采取创办、领办新型农业经营主体，支农支教支医，担任科技特派员、党建指导员等方式，返乡下乡服务乡村振兴。

好的政策，更需要有强劲、果断、高效的执行力，才能保证政策落地生根，而不至于成为一纸空谈。长沙市为保证乡村人才振兴"1+13"政策体系的顺利落地，积极推行"网上办、就近办、马上办"，将乡村人才振兴"1+13"政策在"长沙智慧人才导航"网络平台全面上线，政策的具体内容、申报条件、申报实践、申报流程、咨询电话等基本信息可在线进行政策咨询与资料查阅，提高了乡村人才认定、获取补助与优惠的效率，实现了人才少跑路，让数据多跑路。与此同时，激发党组织的动力源作用，充分发挥党组织的引领示范带动效应，协调各级力量、整合各方资源，共同为乡村人才振兴添动力、做示范、搭平台，充分激活乡村人才振兴"一池春水"。贯彻落实乡村振兴战略，农民是主要推动力，人才是关键力量。长沙市正以识才的慧眼、爱才的诚意、用才的胆识、容才的雅量、聚才的良方，选好人才、育好人才、用好人才，让愿意留在乡村、建设家乡的人留得安心，让愿意发展乡村产业、投身乡村振兴的人更有信心，激励各类人才在农村广阔的天地大施所能、大展才华、大显身手，逐渐造就出一支懂技术、敢创新、爱农村、有情怀的乡村人才队伍，为乡村振兴不断地注入"源头活水"。①

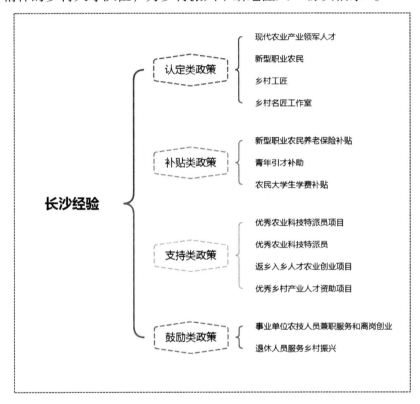

图 2-2 长沙经验图

① 郭立群，谢育杨. 新时代高校引导大学生服务乡村振兴战略的基本遵循和实践进路 [J]. 中国大学生就业，2022（18）：3-7.

第三节 乌兰察布经验

内蒙古自治区乌兰察布市始终秉持党管人才的原则，重点实施"一心多点"的人才工作思路，鼓励创新、协同发展，科学、合理、高效运用"管、引、育、用"四根弦，推动乡村人才振兴工作提质增效，奏响乡村人才振兴曲。

一、紧盯发展所需，拨动党管人才弦

秉持党管人才的原则，努力开启乡村人才振兴新篇章。一方面，为加强乡村人才培育与乡村人才跨区域沟通交流，乌兰察布市成立专门的乡村人才振兴工作领导小组，主要负责统筹协调推进乡村人才振兴的各项基础性工作，充分调动各方力量用好用活各类乡村人才，逐步形成党委统一集中管理、组织部门高效牵头、相关部门密切配合、社会力量广泛参与的乡村人才振兴工作新格局；另一方面，积极主动搭建协调配合、运行高效的乡村人才服务平台，加大招才引智范围、拓宽人才服务渠道、强化人才扶持力度、丰富人才评价方式，为乡村人才发展提供广阔的舞台，吸引大批优秀青年返乡创业，推动乡村振兴战略落到实处。

二、围绕紧缺类型，拨动按需引才弦

"知己知彼，百战不殆。"在人才需求层面，乌兰察布市在招才引智前会对全旗所有行政及企事业单位人才需求状况进行详尽的调查摸底，精心制作人才需求信息台账，精准反映紧缺人才数量与类型。与此同时，中国共产党察哈尔右翼后旗委员会组织部协调相关单位对全旗高层次人才和急需紧缺型人才情况进行征集，统计了66类不同领域的需求人才，形成高层

次人才和急需紧缺人才登记表，对照人才登记表进行精准招才引智，不断壮大人才队伍。在人才供给层面，实施定向人才引进，准确掌握人才的专业、特长、优势等，逐步建立全市高层次人才信息资源库，实现人才需求与人才供给的精准对接、高效匹配，着力提高招才引智效率。

三、突出务实有效，拨动培能育才弦

坚持"将合适的人才，放在合适的位置"的原则，有效解决人才特长能力与职位需求错配的问题，提高人才工作效率。基于此，乌兰察布市准确定位本市发展主基调，着力培育本土人才，特别是农村牧区实用人才，不断充实乡村人才队伍，增强自身造血功能，为贯彻落实乡村振兴战略提供人力、智力支持。乌兰察布市从本区域发展现状出发，深入挖掘农村牧区致富能手、优秀大学毕业生、退伍军人、退休干部等的潜力，努力培育出一批熟练掌握理论知识、具备丰富实践技能、敢于创新创业的双一流（引领能力一流，产业发展一流）人才。同时，运用"既能引进来，又能走出去"的良性循环方式加大对人才的继续教育培训，不断提升人才的综合能力素养。

四、提升服务水平，拨动一线用才弦

基层是孕育各项事业的肥沃土壤、是人才成长的摇篮、是一切工作的落脚点。乌兰察布市积极实施"万名专家人才服务基层""千名人才下基层"行动，共征集涵盖教育、医疗、卫生、农业、工业、科技、经济等18个领域的项目，聘请相关专家实现"一对一、点对点、面对面"的专业技术帮扶，重点破解基层最迫切、最现实的技术难题，缓解基层人才紧缺困境。乌兰察布市始终如一地秉持人才是第一资源的理念，坚持"不唯地域、不求所有、不拘一格"的人才观念，积极营造识才爱才敬才用才的良好氛围，贯彻落实更为合理高效的招才引智政

策，广聚天下英才，为乡村振兴提供源源不竭的人才支持与智力支撑。

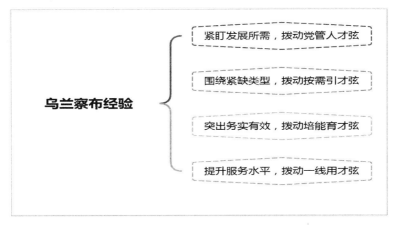

图 2-3 乌兰察布经验图

第四节 泗县经验

为更好、更快、更彻底地贯彻落实乡村振兴战略，安徽省宿州市泗县坚持"四个紧扣"提升人才素质，把好乡村振兴每一关，努力打造一支思想觉悟高、业务能力强、勇于担当、敢于创新、乐于奉献的乡村人才队伍，全方位推动农业变强、农村变美、农民变富。

一、紧扣中心工作提能力

重视基层工作，强调干部人才的基层实践锻炼，坚持将基层实践锻炼作为培育、考察、选拔、任用干部人才的基础，促进年轻干部人才接受党性的洗礼与熏陶、强化责任意识、激发担当精神、提高综合素质。积极主动选派 22 名优秀干部人才赴长三角等经济发达地区招商引资，重点抽调 24 名优秀人才"下派上挂"。一方面积累基层工作经验，提升实践技能；另一方面学习先进管理理念与技术，强化理论武装。与此同时，安徽省宿州市泗县将改善农村环境、落实乡村振兴、"双招双引"等重点战略有机地融合在乡村人才培育、选拔工作中，优选出行业带头人、技术能手、专家、模范典型等人才，提升乡村人才综合素质，助力乡村人才振兴。

二、紧扣就业需求强本领

实施"订单式"人才培养，紧扣乡村振兴最迫切的需求"按需点餐"，缓解人才资源的隐性浪费与低效运行。根据安徽省宿州市泗县的乡村振兴发展现状，依托当地发展特色，在细化出发展困境的基础上，重点实施特色种养殖、农村电子商务、乡村旅游等培训项目12个，分行业、分领域、分区域、分层分批进行更为精准、高效的培训。此外，系统优化整合教育、农业、科技、金融、工商等相关部门的各类资源，强化分类指导，针对不同需求、不同层次、不同年龄分时分段分季进行培训。截至目前，已培训各类农村技能人才8200余人，为乡村振兴源源不断地提供人才支撑。

三、紧扣农村发展补短板

从农村最基础、最真实的发展现状出发，深入剖析农村现阶段的发展困境，重点解决农村最迫切的发展需求。基于此，安徽省宿州市泗县投资3000多万元创建公共实训基地，并配套建立创新创业指导服务中心，提供各种政策咨询、政策解读、帮助解决农村创业者的各种疑惑难题，采取多种方式积极鼓励引导优秀青年返乡创业，并为创业者提供一对一的上门服务，解决其后顾之忧。与此同时，围绕泗县当地特色产业，采用分段式、重实训、参与式的培育模式，重点培育农业专业人才、农业产业化龙头企业负责人、专业合作组织负责人、生产能手、农村经纪人等优秀生产经营人才。此外，联合各职能部门与当地龙头企业开展形式多样的乡村人才技能专业培训，不仅提升了乡村人才的专业技能，也为乡村振兴打下了坚实的人才基础。

四、紧扣业务知识提素质

根据人才最迫切的需求，采用个性化"点单"、私人定制、送"教"上门等多种多样别开生面的方式，为乡村人才提供技能培训、创新创业培育、资格证书培训、竞赛训练、课程研发等全方位的个性化服务。依据不同行业、不同领域、不同年龄、不同学历层次等的乡村人才，采取发放"课程菜单"的方式，努力推动基础理论知识、重难点必讲解，新政策、新技术、新经验必传达，累计送教 200 场次，受众12000 多人次，实现学习工作"两不误、两促进"。此外，为进一步提升乡村人才的基础理论，夯实工作基础，积极主动与上海交通大学、复旦大学等国内知名高校开展深度合作，兴办乡村振兴人才培训班，累计培训学员 230 人次，为安徽省宿州市泗县贯彻落实乡村振兴战略储备了大量优秀的青年人才。

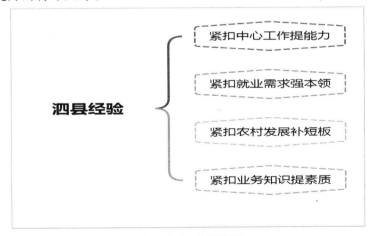

泗县经验

- 紧扣中心工作提能力
- 紧扣就业需求强本领
- 紧扣农村发展补短板
- 紧扣业务知识提素质

图 2-4 泗县经验图

第五节 龙游经验

在全面实施乡村振兴战略的关键时期，浙江省衢州市龙游县紧随时代发展步伐，因地制宜地实施"人才金种子计划"，通过培育"领头红雁"、招引"归巢青燕"等创新举措，积极主动引导优秀青年返乡创业，为乡村振兴积蓄人才力量。

一、实施"红色育雁"工程，提升带头人队伍素质

浙江省衢州市龙游县积极引导在外优秀大学生、退伍军人、各行各业专业能手等青年才俊返乡创业，有效带动当地经济发展。鼓励思想觉悟高、实践技能强、专业素质优、组织协调能力好的优秀青年担任基层管理干部，运用其先进的管理理念、过硬的专业技能、敢于创新的勇气实现科学高效管理，带领村民共同实现乡村振兴。针对54名乡村优秀党员制订党组织书记定向培养计划，并按程序推荐为"两代表一委员"，帮助乡村优秀党员在更为广阔的舞台发挥自己的聪明才智。与此同时，充分发挥乡村振兴讲堂"主阵地"的积极作用，推荐一批有责任、有担当、有能力、有技术、有情怀、热爱农村、尊重农民的优秀党员担任讲师团讲师，重点进行先进生产技术与先进管理理念的传授与分享，提升农民综合素养，带动农民实现增收奔小康。

二、精准施策育才，激活乡村人才创新潜力

浙江省衢州市龙游县从当地人才紧缺的现实困境出发，积极统筹建立龙游籍高校大学生信息资源库，大力宣传组织"龙游籍学子家乡行"活动，吸引大量优秀大学生返乡创业，不仅为乡村振兴带来了先进的生

产技术与管理理念，也为乡村振兴注入了青春活力，充分激活了乡村人才的创新潜力。主动探索试点"大学生回引"项目，提供政策优惠、创新创业辅导、财政金融支持等配套帮扶组合拳，推行投资创业"青蓝接力"组团扶持，坚持为每一个项目配齐帮扶团队，即一名专家顾问、一个扶持团队、一套支持举措，为大学生返乡创业提供全方位精准的帮扶，帮助大学生在乡村实现人生理想与远大抱负。

三、选派技能专家，推动农业优化转型

龙游县依据本县区特色产业，积极推行"强乡壮村百团"行动，选派科技特派员与各行业的专家深入一线，为龙游县发展建言献策，逐步打造"一米一鸡一鱼一茶一药"与"一莲一糕一梨一竹一酒"两条产业振兴示范带，改善农业粗放低效的发展模式，提升龙游县特色产业品牌影响力，推动农业优化转型升级。此外，积极开展"高层次人才联谊会""农技交流大会"等形式多样的人才交流活动，畅通人才流通渠道，不断充实"乡村振兴人才专家库"。同时，积极推进实施"乡村人才超市"建设，实现"农民下单—平台派单—人才结单—效果评单"服务闭环管理，精准培育人才。

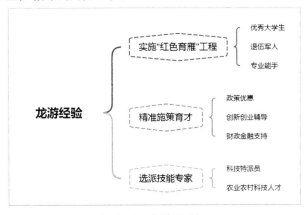

图 2-5 龙游经验图

第六节 长武经验

一、刨根究底"摸清人才"

摸清现状、找准问题，才能更好地对症下药，制定切实可行的应对政策。陕西长武县从本区域发展现状出发，针对乡村人才紧缺的现实困境，采用实地调研、问卷调查、面对面访谈等方式摸清本县乡村人才的具体情况，做到心中有数，以便更加胸有成竹、游刃有余地实施"五个一百"乡村实用人才培育工程，提升乡村人才实践技能，充实乡村人才队伍，赋能乡村振兴。与此同时，遵照农业现代化发展要求与推进乡村振兴的迫切需求，陕西长武县紧随时代步伐，重点培育百名优秀果业种植能手、百名优秀养殖能手、百名优秀妇女人才、百名青年电商人才、百名"长武工匠"，不断筑牢乡村振兴人才支撑基础。此外，针对当地农业发展粗放、低效的问题，选派10名科技人才、70名科技特派员进驻长武县，深入一线开展技术指导，推动农业技术发展。

二、筑巢引凤"引进人才"

长武县充分依托陕西省各大高校与科研机构的人力、技术优势，积极主动地开展校地合作，实施强有力的"招才引智"计划，通过密切联系、深入交往、签订合作协议等方式，逐步建立起科技协同创新平台与专业化众创空间，全力推动"产学研用一体化"发展，实现理论学习有用处、科学研究有成果、产业发展有技术，形成良性循环发展。同时，采取咨询顾问、联合聘用、挂职锻炼、柔性引进、短期兼职等方式，持续深入推进长武籍在外人才联系机制，唤醒长武籍在外人才的

"乡土情"，强化乡村人才队伍建设，累计建成"特色产业专家工作站"6个，柔性引进专家19名，带动就业600余人，实现乡村人才由"单打独斗"转变为"同心协力、凝心聚力"，共同助力乡村振兴。

三、不拘一格"用好人才"

乡村人才并不局限于传统意义上的高学历、高职称、高层次人才，也可能是田间村头的"土专家""田秀才""好匠人"。长武县创造性地突破人才定义的局限性，以注重实效、政治素养、实践技能、思想品德、创新创业为导向制定更为全面、系统、合理的乡村人才评价体系，逐步完善"乡土人才工作站"，以便更好地发挥乡土人才的领头雁、排头兵、带头人作用，带领本区域农民实现增收致富。同时，积极主动引导省市两级优秀专家、拔尖人才、十佳标兵等各领域专家人才通过专家讲座、专业培训、集中授课、对口指导等方式深入基层进行技术指导与咨询顾问，已累计开展服务活动20余次，培训1000多人，集中为农民答疑解惑，解决了农民的燃眉之急。

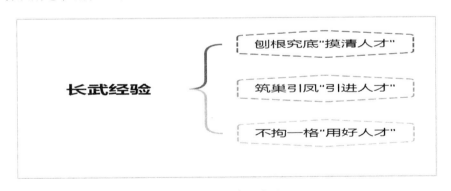

图 2-6 长武经验图

第七节　涉农高校助力乡村人才振兴新做法

2019 年 9 月 5 日，习近平总书记在给全国涉农高校书记校长和专家代表的回信中进一步明确了农业人才培育方向。我国涉农高校立足人才培养目标，努力培养造就一批熟练掌握农业基础知识、具备一定实践技能、有责任、有担当、有活力、有情怀、敢创新、爱农村的优秀"新农人"，扎根广袤的乡村地区，全方位助力乡村人才振兴。中央人才工作会议的胜利召开，以及"深入实施新时代人才强国战略"的持续推进，为全国涉农高校广大师生注入了强大的力量与信心，支持"新农人"在这片希望的田野上大显身手、大展宏图。

一、涉农高校招生就业趋于"两旺"

"三农"人才需要具备较强的综合素质，然而在传统涉农高校人才培育过程中，部分院校忽视了对学生综合素质的培养，致使学生步入社会后时常面临知识结构单一、实践技能短缺、社会服务意识弱化的现实困境，难以满足"三农"对人才多样化、全面化、专业化的需求。2019 年 4 月，教育部等在天津联合召开"六卓越一拔尖"计划 2.0 启动大会，全面推进新工科、新医科、新农科、新文科建设。6 月 28 日，《安吉共识——中国新农科建设宣言》正式发布，这标志着我国高等农林教育发展进入新时代，进一步明确了新农科应面向新农业、新乡村、新农民、新生态，肩负起服务脱贫攻坚、乡村振兴、生态文明与美丽中国建设的使命，推动我国由农业大国向农业强国迈进，助力乡村成为安居乐业的美好家园，让山更绿、水更净、林更茂、田更沃、湖更清、草更丰。近年来，随着国家对"三农"发展的关注，以及对粮食安全问题的重视，进一步巩固了农业的基础地位，社会各个层面对涉农高校与涉农专业的认知发生了翻天覆地的变化，与此同时，涉农高校着力改变以往理论与实践严重脱节的培养现状，使人才培养目标更加"接地气"，涉农高校与涉农专业一改往日"冷门专业""冷门学校"的窘境，逐渐成为报考高校的"香饽饽"专业，促使涉农高校招生就业趋于"两旺"，毕业生对母校的认可度与社会对毕业生的满意度呈现"双高"。

中国农业大学秉承创新理念，着重培养符合时代发展要求的复合型人才，充分利用乡村振兴等专项项目招收应用型研究生，提升人才培养质量。西北农林科技大学依托本校作物学、农业资源与环境、风景园林学等多学科交叉的专业优势，以贯彻落实乡村振兴战略、实现乡村人才振兴为导向，开设"乡村学"二级学科，重点培育符合"三农"发展需求的农业人才。西南林业大学设置 20 个涉农涉林专业，每年培养农林人才超 2000 名，超过 70% 的毕业生深入基层，充实了乡村人才队伍，同时将更为先进的农业生产技术与先进的管理理念带入一线，更好地服务乡村振兴。安徽农业大学开创性地实施"三三二"培养模式，前三学期在学校学习基础理论知识，夯实理论基础，第四至第六学期进入实验班进行实践技能训练，强化实践能力，第七学期组成 3~5 人的产业团队进行创业孵化，提升创新创业技能，帮助学生毕业即就业，提高人才培养质量，实现人才培养目标，更好地助力乡村振兴。

二、理论与实践相结合

"社会发展需要什么样的人才，高校就应该培养什么样的学生。"随着经济的发展、社会的进步、科技的推动、农业的改革、乡村振兴战略的提出，"三农"发展对人才提出了更加全面、多样、创新、专业的需求，既需要懂农业、懂技术、懂管理的人才，更需要有责任、有担当、敢创新的创业经营型人才。基于此，涉农高校应紧跟时代发展步伐，以市场需求为导向，逐步深化教育教学改革，培养造就一批熟练掌握农业技术知识、具备创新创造能力、善于探索实践技能、饱含"三农"情怀的复合型、经营型、创新型人才。现阶段，我国相关涉农教育面临的最大挑战是就业需求与人才培养不匹配，两者存在比较明显的鸿沟，就业需求会对人才培养产生较大的反向冲击。针对该矛盾，国家出台了相关的政策措施，鼓励涉农毕业生深入一线、基层锻炼学习，深化理论知识，以便更好地指导实践。西南林业大学紧紧围绕乡村振兴战略与生态文明建设，以就业需求为导向，以培养综合型人才为目标，采取优胜劣汰的方式，先后淘汰落后专业16个，开设涉农新专业3个，改造升级涉农专业15个，显著提升了涉农专业的适用性与时代性。但仍存在涉农新专业比例较低，涉农高校的教育教学改革步伐落后于时代发展与农业进步的步伐，传统涉农专业与新学科、新技术的交叉融合不足，改造传统涉农专业步伐缓慢等问题。2020年9月，华中农业大学在全国率先开设了"智慧农业"专业，创造性地将物联网技术科学合理地运用在传统农业中，并充分应用无线通信技术、互联网、云计算、3S技术等现代化信息技术与专家智慧，实现农业生产环境的智能感知、智能预警、智能决策、智能分析、专家在线指导等，为农业生产提供精准化种植、可视化管理、智能化决策。

三、砥砺学生投身农业，激发农趣

习近平总书记在中央人才工作会议上指出，广大人才要继承和发扬老一辈科学家胸怀祖国、服务人民的优秀品质，心怀"国之大者"，为国分忧、为国解难、为国尽责，这是广大涉农人才的初心使命，也是涉农高校培养接班人的重要原则。现阶段，乡村振兴急需综合型、创新型、专业型的人才，逐步深化产教融合，积极主动为学生创造更具价值的实习、工作条件，从源头上解决涉农人才不接地气的问题。与此同时，全面强化涉农人才的耕读教育，重点将塞罕坝精神、杨善洲精神、袁隆平精神等有机地融入涉农人才培育的全过程，保证涉农人才不仅具备先进的农业理论知识与技能，更要有不怕吃苦、不怕流汗、敢于创新、勇于攀登的农业人精神，秉承"心在最高处，根在最深处"的初心，将知识幻化成一份热爱，铺在广袤无垠的田野上，开出绚烂多彩的花。在日常教学活动中巧妙地将理想信念教育与强农兴农历史担当有机地结合起来，砥砺学生投身农业、激发学生农趣。2021 年 4 月，山西农业大学与神农科技集团合作共建全国第一个食用菌学院——山西农业大学食用菌学院，并以此为依托建立山西省食用菌研究院、神农食用菌产业学院，带领学生在山西 85 个县开展科技服务、在 40 多个贫困县科技扶贫，实现了产学研的深度融合。中国农业大学种子科学与技术专业专门开设了种业精英班与乡村振兴精英班，特别邀请企业技术骨干、新型职业农民、乡村工匠等能工巧匠为学生们讲课，并在山西灵丘、湖南湘西、北京平谷等地进行专业的农业生产实践，不仅提升了学生的理论知识水平与实践技能，也激发了学生对农业的兴趣与职业自豪感。

图 2-7　涉农高校助力乡村人才振兴

第三章

陕甘宁革命老区乡村人才振兴现状

第一节 全国人口素质变化趋势

1964 年，在第二次全国人口普查中，每 10 万人拥有大专及以上学历的人数仅为 416 人，每 10 万人拥有高中和中专学历的人数为 1319 人，拥有初中学历的人数为 4680 人，拥有小学学历的人数为 28330 人。每 10 万人拥有小学学历人口数量占据绝对优势，是拥有大专及以上学历人数的 68 倍，是拥有高中和中专学历人数的 21 倍，是拥有初中学历人数的 6 倍，每 10 万人拥有大专及以上学历人数较低。同时，该时期文盲人口数量为 23327 万人，文盲率高达 33.58%，文盲人口过多，人口素质普遍偏低，有待进一步提升。①

1982 年，在第三次全国人口普查中，每 10 万人拥有大专及以上学历的人数仍然较少，仅为 615 人，与第二次人口普查数据相比变化不太明显；每 10 万人拥有高中和中专学历的人数较第二次人口普查数据有显著提升，为 6779 人；每 10 万人拥有初中学历的人数较第二次人口普查数据明显增加，为 17892 人；每 10 万人拥有小学学历的人数为 35237 人。每 10 万人拥有小学学历人口数量仍然占据绝对优势，是每 10 万人

---

① 数据来源：第二次全国人口普查公报。

拥有大专及以上学历人数的 57 倍，是每 10 万人拥有高中和中专学历人数的 5 倍，是每 10 万人拥有初中学历人数的 2 倍。与第二次人口普查数据相比，每 10 万人拥有小学学历人口数量与拥有大专及以上学历人数、拥有高中和中专学历人数、拥有初中学历人数之间的差距在逐步缩小。该时期，文盲人口数量为 22996 万人，文盲率下降为 22.81%，人口素质逐步提升。①

1990 年，在第四次全国人口普查中，每 10 万人拥有大专及以上学历的人数突破千人大关，为 1422 人，与第三次全国人口普查数据相比显著增加；每 10 万人拥有高中和中专学历的人数较第三次人口普查数据略有增加，为 8039 人；每 10 万人拥有初中学历的人数为 23344 人；每 10 万人拥有小学学历的人数为 37057 人。每 10 万人拥有小学学历人口数量依然占主导，是拥有大专及以上学历人数的 26 倍，是拥有高中和中专学历人数的 4.6 倍，是拥有初中学历人数的 1.5 倍，每 10 万人拥有小学学历人口数量与拥有大专及以上学历人数、拥有高中和中专学历人数、拥有初中学历人数之间的差距日渐缩小，每 10 万人拥有大专及以上学历人数也有明显的增加。该时期，文盲人口数量下降至 18003 万人，文盲率进一步下降为 15.88%，人口素质逐渐提高。②

2000 年，在第五次全国人口普查中，每 10 万人拥有大专及以上学历的人数进一步攀升，增加至 3611 人，与第四次全国人口普查数据相比明显增加；每 10 万人拥有高中和中专学历的人数较第四次人口普查数据也有明显提高，为 11146 人；每 10 万人拥有初中学历的人数较第四次人口普查数据显著增加，每 10 万人增加了 3107 人，为 33961 人；每 10 万人拥有小学学历的人数较第四次人口普查数据略有降低，为

---

① 数据来源：第三次全国人口普查公报。
② 数据来源：第四次全国人口普查公报。

35701 人。在第五次人口普查中，每 10 万人拥有初中学历的人数与拥有小学学历的人数大致齐平，每 10 万人拥有小学学历人口数量是大专及以上学历人数的 10 倍，是高中和中专学历人数的 3 倍。该时期，文盲人口数量大幅下降至 8507 万人，文盲率大幅下降为 6.72%，每 10 万人拥有小学学历的人数降低，而每 10 万人拥有的大专及以上学历人数、高中和中专学历人数、初中学历人数显著增加，这意味着与前一时期相比我国人口素质有明显的提升与进步。①

2010 年，在第六次全国人口普查中，每 10 万人拥有大专及以上学历的人数显著增加，增加至 8930 人；每 10 万人拥有高中和中专学历的人数较第五次人口普查数据也有明显提高，为 14032 人；每 10 万人拥有初中学历的人数较第五次人口普查数据显著增加，每 10 万人增加了 4827 人，为 38788 人；每 10 万人拥有小学学历的人数进一步降低，与第五次人口普查数据相比每 10 万人减少了 8922 人，为 26779 人。在第六次全国人口普查中，每 10 万人拥有初中学历的人数首次超过拥有小学学历的人数，占据主导地位。该时期，文盲人口数量进一步下降至 5466 万人，文盲率也下降为 4.08%。随着每 10 万人拥有大专及以上学历人数与拥有小学学历人口数量、拥有高中和中专学历人数、拥有初中学历人数之间的差距日渐缩小，每 10 万人拥有初中学历的人数开始占据主导地位，我国人口素质明显提升，人才培养质量也显著提高。②

2020 年，在第七次全国人口普查中，每 10 万人拥有大专及以上学历的人数较第六次人口普查数据实现了翻一番，为 15467 人，也首次突破了万人大关；每 10 万人拥有高中和中专学历的人数较第六次人口普查数据稳步提升，为 15088 人；每 10 万人拥有初中学历的人数较第六

① 数据来源：第五次全国人口普查公报。
② 数据来源：第六次全国人口普查公报。

次人口普查数据略有下降，每 10 万人减少了 4281 人，为 34507 人；每
10 万人拥有小学学历的人数进一步降低，与第六次人口普查数据相比
每 10 万人减少了 2012 人，为 24767 人。在第七次全国人口普查中，每
10 万人拥有大专及以上学历的人数明显高于拥有高中和中专学历的人
数，我国高层次人才数量明显增加。与此同时，该时期文盲人口数量下
降至 3775 万人，文盲率也下降为 2.67%，这意味着我国基础教育已见
成效，人口素质显著提升。①

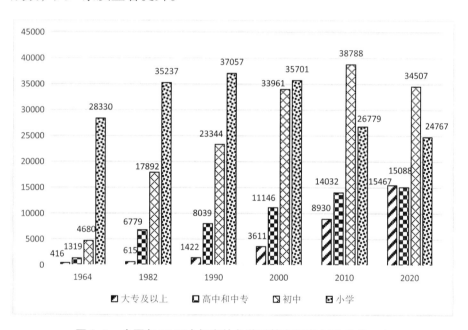

图 3-1　全国每 10 万人拥有的各种受教育程度人口 单位：人

---

① 数据来源：第七次全国人口普查公报。

图 3-2 1964 年第二次人口普查每 10
万人拥有的各种受教育程度
人口占比

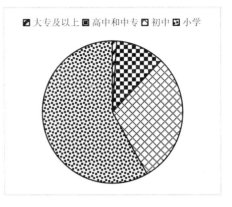

图 3-3 1982 年第三次人口普查每 10
万人拥有的各种受教育程度人
口占比

图 3-4 1990 年第四次人口普查每
10 万人拥有的各种受教育
程度人口占比

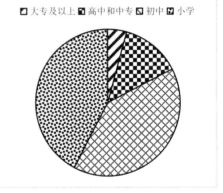

图 3-5 2000 年第五次人口普查每 10
万人拥有的各种受教育程度人
口占比

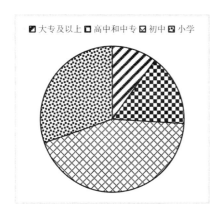

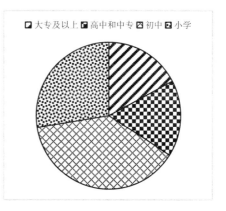

图3-6 2010年第六次人口普查每10万人拥有的各种受教育程度人口占比

图3-7 2020年第七次人口普查每10万人拥有的各种受教育程度人口占比

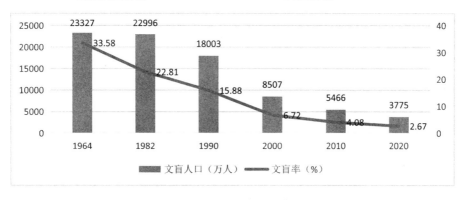

图3-8 1964—2020年我国文盲人口数量

第二节 陕甘宁革命老区人口素质现状

陕甘宁革命老区主要包括陕西延安、榆林和铜川3市，甘肃平凉和庆阳2市，宁夏回族自治区中卫、吴忠和固原3市，共计8个地级市，外加陕西富平、三原、旬邑、长武、彬州、淳化、泾阳，甘肃会宁和宁夏回族自治区灵武9个县市。

陕甘宁革命老区的8个地级市 2020 年第七次人口普查结果数据如图 3-9 所示：

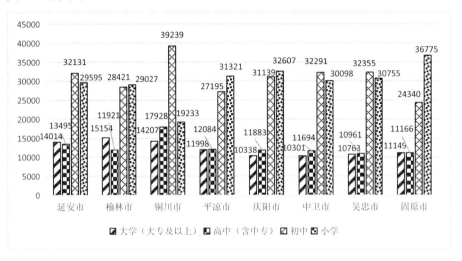

图 3-9 陕甘宁革命老区 8 个地级市每 10 万人拥有的各种受教育程度人口 单位：人

延安市每 10 万人拥有大专及以上学历的人数为 14014 人，拥有高中和中专学历的人数为 13495 人，拥有初中学历的人数为 32131 人，拥有小学学历的人数为 29595 人。榆林市每 10 万人拥有大专及以上学历的人数为 15154 人，拥有高中和中专学历的人数为 11921 人，拥有初中学历的人数为 28421 人，拥有小学学历的人数为 29027 人。铜川市每 10 万人拥有大专及以上学历的人数为 14207 人，拥有高中和中专学历的人数为 17928 人，拥有初中学历的人数为 39239 人，拥有小学学历的人数为 19233 人。平凉市每 10 万人拥有大专及以上学历的人数为 11998 人，拥有高中和中专学历的人数为 12084 人，拥有初中学历的人数为 27195 人，拥有小学学历的人数为 31321 人。庆阳市每 10 万人拥有大专及以上学历的人数为 10338 人，拥有高中和中专学历的人数为 11883 人，拥有初中学历的人数为 31139 人，拥有小学学历的人数为 32607 人。中卫市每 10 万人拥有大专及以上学历的人数为 10301 人，拥有高中和中专学历的人数为 11694 人，拥有初中学历的人数为 32291 人，拥有小学学历的人数为 30098 人。吴忠市每 10 万人拥有大专及以上学历的人数为 10763 人，每 10 万人拥有高中和中专学历的人数为 10961 人，拥有初中学历的人数为 32355 人，拥有小学学历的人数为 30755 人。固原市每 10 万人拥有大专及以上学历的人数为 11149 人，拥有高中和中专学历的人数为 11166 人，拥有初中学历的人数为 24340 人，拥有小学学历的人数为 36775 人。①

全国每 10 万人拥有大专及以上学历的人数为 15467 人，陕甘宁革命老区各地级市每 10 万人拥有大专及以上学历的人数均突破了万人大关，但与第七次全国人口普查结果数据相比差距明显，均低于全国平均水平。其中隶属于陕西省的延安市、榆林市与铜川市与全国平均水平差距较小，而隶属于甘肃省的平凉市、庆阳市与隶属于宁夏回族自治区的中卫市、吴忠市、固原市与全国平均水平差距较大。全国每 10 万人拥有高中和中专学历的人数为 15088 人，陕甘宁革命老区各地级市中仅有铜川市超过全国平均水平，每 10 万人拥有高中和中专学历的人数为 17928 人，其他地级市也均低于全国平均水平。② 这意味着，陕甘宁革命老区不仅高层次人才数量低于全国水平，也暗示着陕甘宁革命老区内部人口素质也存在较大的发展差距。

---

① 数据来源：第七次全国人口普查公报。
② 数据来源：第七次全国人口普查公报。

图 3-10　延安市第七次人口普查每 10 万人拥有的各种受教育程度人口占比

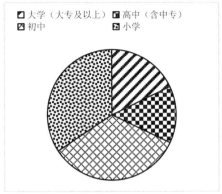

图 3-11　榆林市第七次人口普查每 10 万人拥有的各种受教育程度人口占比

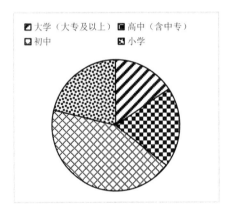

图 3-12　铜川市第七次人口普查每 10 万人拥有的各种受教育程度人口占比

图 3-13　平凉市第七次人口普查每 10 万人拥有的各种受教育程度人口占比

图 3-14 庆阳市第七次人口普查每 10 万人拥有的各种受教育程度人口占比

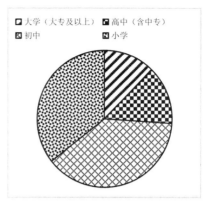

图 3-15 中卫市第七次人口普查每 10 万人拥有的各种受教育程度人口占比

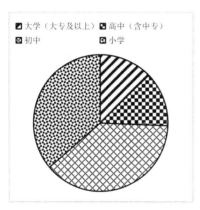

图 3-16 吴忠市第七次人口普查每 10 万人拥有的各种受教育程度人口占比

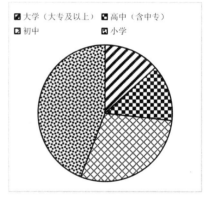

图 3-17 固原市第七次人口普查每 10 万人拥有的各种受教育程度人口占比

陕甘宁革命老区的 9 个县市的第七次人口普查结果数据如图 3-18 所示：富平县每 10 万人拥有大专及以上学历的人数为 8706 人，拥有高中和中专学历的人数为 11608 人，拥有初中学历的人数为 49437 人，拥有小学学历的人数为 21302 人。三原县每 10 万人拥有大专及以上学历的人数为 9837 人，拥有高中和中专学历的人数为 14333 人，拥有初中学历的人数为 48614 人，拥有小学学历的人数为 19220 人。旬邑县每 10 万人拥有大专及以上学历的人数为 8279 人，拥有高中和中专学历的人数为 10587 人，拥有初中学历的人数为 36847 人，拥有小学学历的人数为 28638 人。长武县每 10 万人拥有大专及以上学历的人数为 9893 人，拥有高中和中专学历的人数为 11655 人，拥有初中学历的人数为 40572 人，拥有小学学历的人数为 25026 人。彬州市每 10 万人拥有大专及以上学历的人数为 7920 人，拥有高中和中专学历的人数为 11006 人，拥有初中学历的人数为 38239 人，拥有小学学历的人数为 29157 人。淳化县每 10 万人拥有大专及以上学历的人数为 7817 人，拥有高中和中专学历的人数为 11560 人，拥有初中学历的人数为 47546 人，拥有小学学历的人数为 23610 人。泾阳县每 10 万人拥有大专及以上学历的人数为 4699 人，拥有高中和中专学历的人数为 9447 人，拥有初中学历的人数为 54335 人，拥有小学学历的人数为 22779 人。会宁县每 10 万人拥有大专及以上学历的人数为 11197 人，拥有高中和中专学历的人数为 11413 人，拥有初中学历的人数为 26082 人，拥有小学学历的人数为 38145 人。灵武市每 10 万人拥有大专及以上学历的人数为 15476 人，拥有高中和中专学历的人数为 14339 人，拥有初中学历的人数为 32560 人，拥有小学学历的人数为 24294 人。①

陕甘宁革命老区人口素质偏低，区域发展不均衡在各县（市）表现得更为突出。在 9 个县（市）中，仅有宁夏回族自治区的灵武市略高于全国平均水平，每 10 万人拥有大专及以上学历的人数为 15476 人；甘肃省会宁县每 10 万人拥有大专及以上学历的人数为 11197 人，虽低于全国平均水平，但依旧突破了万人大关。其他 7 个县（市）均明显低于全国平均水平，其中泾阳县每 10 万人拥有大专及以上学历的人数为 4699 人，

---

① 数据来源：第七次全国人口普查公报。

不足全国每 10 万人拥有大专及以上学历人数的 1/3，差距明显①；富平县、三原县、旬邑县、长武县、彬州市、淳化县每 10 万人拥有大专及以上学历的人数均未突破万人大关，与全国平均水平差距较大。

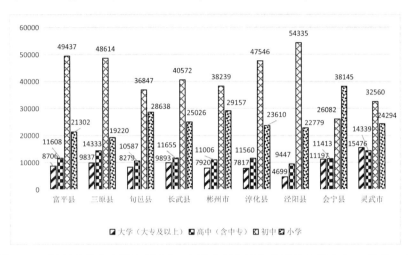

图 3-18　陕甘宁革命老区各县市每 10 万人拥有的各种受教育程度人口 单位：人

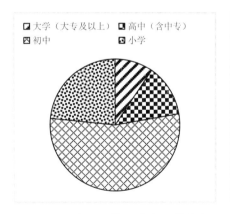

图 3-19　富平县第七次人口普查每 10 万人拥有的各种受教育程度人口占比

图 3-20　三原县第七次人口普查每 10 万人拥有的各种受教育程度人口占比

---

① 数据来源：第七次全国人口普查公报。

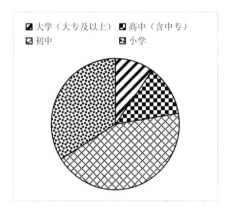

图 3-21 旬邑县第七次人口普查每10 万人拥有的各种受教育程度人口占比

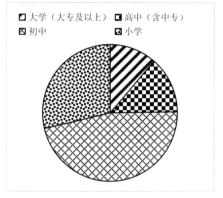

图 3-22 长武县第七次人口普查每10 万人拥有的各种受教育程度人口占比

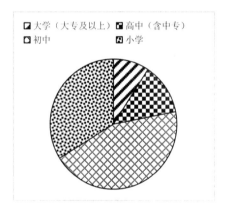

图 3-23 彬州市第七次人口普查每10 万人拥有的各种受教育程度人口占比

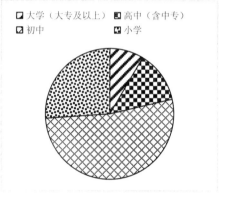

图 3-24 淳化县第七次人口普查每10 万人拥有的各种受教育程度人口占比

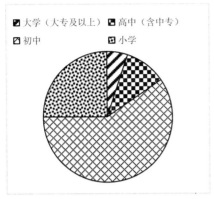

图 3-25 泾阳县第七次人口普查每
10 万人拥有的各种受教育
程度人口占比

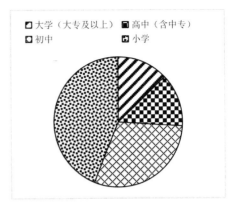

图 3-26 会宁县第七次人口普查每 10
万人拥有的各种受教育程度
人口占比

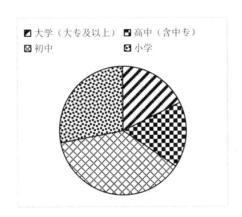

图 3-27 灵武市第七次人口普查每 10 万人拥有的各种受教育程度人口占比

第七次全国人口普查数据显示，我国 15 岁及以上人口的平均受教育年限已由 2010 年的 9.08 年提高至 9.91 年，平均受教育年限不断增加，这表明全国教育状况持续向好发展，人口素质不断提高。平均受教育年限是将各种受教育程度折算成受教育年限计算平均数得出的，具体折算标准为：文盲＝0 年，小学＝6 年，初中＝9 年，高中＝12 年，大专及以上＝16年。

陕甘宁革命老区8个地级市15岁及以上人口平均受教育年限的具体情况如图3-28所示：

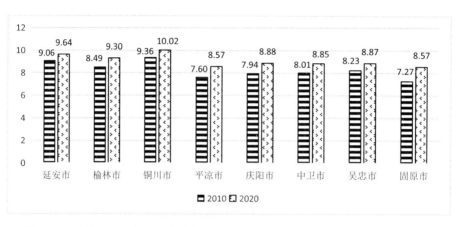

图3-28 陕甘宁革命老区8个地级市15岁及以上人口平均受教育年限 单位：年

延安市2010年15岁及以上人口平均受教育年限为9.06年，2020年15岁及以上人口平均受教育年限为9.64年，增加了0.58年；榆林市2010年15岁及以上人口平均受教育年限为8.49年，2020年15岁及以上人口平均受教育年限为9.30年，增加了0.81年；铜川市2010年15岁及以上人口平均受教育年限为9.36年，2020年15岁及以上人口平均受教育年限为10.02年，增加了0.66年；平凉市2010年15岁及以上人口平均受教育年限为7.60年，2020年15岁及以上人口平均受教育年限为8.57年，增加了0.97年；庆阳市2010年15岁及以上人口平均受教育年限为7.94年，2020年15岁及以上人口平均受教育年限为8.88年，增加了0.94年；中卫市2010年15岁及以上人口平均受教育年限为8.01年，2020年15岁及以上人口平均受教育年限为8.85年，增加了0.84年；吴忠市2010年15岁及以上人口平均受教育年限为8.23年，2020年15岁及以上人口平均受教育年限为 8.87 年，增加了 0.64 年；固原市 2010 年 15 岁及以上人口平均受教育年限为 7.27 年，2020 年 15 岁及以上人口平均受教育年限为 8.57 年，增加了 1.3 年。①

纵观陕甘宁革命老区各地级市 15 岁及以上人口的平均受教育年限情况，与 2010 年第六次人口普查数据相比均有所增加，但增加幅度较小，仅有固原市平均受教育年限增加超过了 1 年，其他地级市均未超过 1 年。此外，与全国 9.91 的平均受教育年限相比，差距较为明显。在陕甘宁革命老区 8 个地级市中，仅有隶属于陕西省的铜川市 15 岁及以上人口的平均受教育年限略高于全国平均水平，为 10.02。其余地级市均低于全国平均水平，其中隶属于陕西省的延安市与榆林市 15 岁及以上人口的平均受教育年限虽然低于全国平均水平，但平均受教育年限也超过了 9 年，与全国平均受教育年限水平差距较小。而隶属于甘肃省的平凉市、庆阳市与隶属于宁夏回族自治区的中卫市、吴忠市、固原市 15 岁及以上人口的平均受教育年限均低于 9 年，也低于 2010 年第六次全国人口普查数据，与 2020 年第七次全国人口普查数据差距较大，这意味着陕甘宁革命老区各地级市 15 岁及以上人口的平均受教育年限较低，与全国平均水平差距较为明显，教育基础薄弱，人口素质偏低。

陕甘宁革命老区 9 个县市 15 岁及以上人口平均受教育年限的具体情况如图 3-29 所示：

---

① 数据来源：第七次全国人口普查公报。

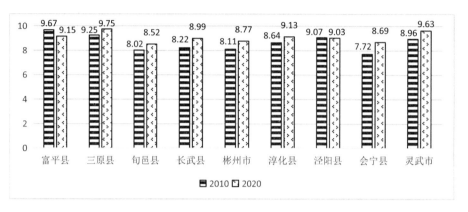

图 3-29 陕甘宁革命老区 9 个县市 15 岁及以上人口平均受教育年限 单位：年

富平县 2010 年 15 岁及以上人口平均受教育年限为 9.67 年，2020 年 15 岁及以上人口平均受教育年限为 9.15 年，减少了 0.52 年；三原县 2010 年 15 岁及以上人口平均受教育年限为 9.25 年，2020 年 15 岁及以上人口平均受教育年限为 9.75 年，增加了 0.5 年；旬邑县 2010 年 15 岁及以上人口平均受教育年限为 8.02 年，2020 年 15 岁及以上人口平均受教育年限为 8.52 年，增加了 0.5 年；长武县 2010 年 15 岁及以上人口平均受教育年限为 8.22 年，2020 年 15 岁及以上人口平均受教育年限为 8.99 年，增加了 0.77 年；彬州市 2010 年 15 岁及以上人口平均受教育年限为 8.11 年，2020 年 15 岁及以上人口平均受教育年限为 8.77 年，增加了 0.66 年；淳化县 2010 年 15 岁及以上人口平均受教育年限为 8.64 年，2020 年 15 岁及以上人口平均受教育年限为 9.13 年，增加了 0.49 年；泾阳县 2010 年 15 岁及以上人口平均受教育年限为 9.07 年，2020 年 15 岁及以上人口平均受教育年限为 9.03 年，减少了 0.04 年；会宁县 2010 年 15 岁及以上人口平均受教育年限为 7.72 年，2020 年 15 岁及以上人口平均受教育年限为 8.69 年，增加了 0.97 年；灵武市 2010 年 15 岁及以上人口平均受教育年限为 8.96 年，2020 年 15 岁及以上人口平均受教育年限为 9.63 年，增加了 0.67 年①。

陕甘宁革命老区 9 个县市 15 岁及以上人口平均受教育年限均低于全国平均水平。其中富平县与泾阳县 2010 年第六次全国人口普查 15 岁及以上人口平均受教育年限分别为 9.67 年与 9.07 年，2020 年第七次全国人口普查 15 岁及以上人口平均受教育年限分别下降至 9.15 年与 9.03 年。其余县市虽有增长但增长幅度较小，且均低于全国平均水平，其中旬邑县、长武县、彬州市、会宁县 2020 年第七次全国人口普查 15 岁及以上人口平均受教育年限低于 9 年，也低于 2010 年第六次全国人口普查数据，与 2020 年第七次全国人口普查数据差距较大。这从侧面反映出陕甘宁革命老区 9 个县市人口素质与全国平均水平之间存在较大差距，人口素质偏低，且区域内部人口素质也存在较大差距，发展不平衡。

---

① 数据来源：第七次全国人口普查公报。

第四章

陕甘宁革命老区乡村人才振兴存在的
问题及成因

第一节　陕甘宁革命老区乡村人才振兴存在的问题

一、乡村人才总量不足

陕甘宁革命老区主要包括陕西延安、榆林和铜川 3 市，甘肃平凉和庆阳 2 市，宁夏回族自治区中卫、吴忠和固原 3 市，共计 8 个地级市，外加陕西富平、三原、旬邑、长武、彬州、淳化、泾阳，甘肃会宁和宁夏回族自治区灵武 9 个县市。总人口 1671.32 万人，平均每平方千米人口数为 87.04 人。陕甘宁革命老区由于地形地貌特征复杂，多以梁峁沟壑及山地为主，加之农业生产条件及资源不足，部分区域不适宜人类生活，因此，这一区域生活的人口数量及密度与我国发达地区相比很低。陕甘宁革命老区第七次人口普查结果数据显示，各区域人口密度差异很大，总体上人口密度比较低。延安市 2021 年年末常住人口 226.93 万人，城镇化率 61.80%，出生率 7.00%，死亡率 5.80%，人口自然增长率 1.20%，人口密度约为 61.33 人/km²。榆林市 2021 年年末 2022 年年初常住人口 362.18 万人，出生率 8.27%，死亡率 6.96%，自然增长率 1.31%。城镇人口 224.91 万人，占 62.1%；乡村人口 137.27 万人，占 37.9%，人口密度约为84.34人/km²。铜川市2021年年末常住人口69.83万人，历年人口统计数据表明铜川市人口自然流失严重，人口总数处于下降趋势，出生率9.03‰，死亡率5.86‰，人口自然增长率3.17‰，人口密度约为178人/km²。庆阳市2021年年末2022年年初常住人口215.94万人，比上年年末减少1.97万人，其中城镇常住人口93.13万人，常住人口城镇化率43.13%。全年出生人口2.16万人，出生率为9.98‰；死亡人口1.89万人，死亡率为8.73‰；自然增长率为1.25‰，人口密度约为79.28人/km²。平凉市2021年年末2022年年初常住人口182.47万人，比上年年末减少2.02万人。其中，城镇人口83.97万人，占常住人口比重（常住人口城镇化率）为46.02%，比上年年末提高1.25个百分点。全年出生人口1.73万人，出生率为9.44‰；死亡人口1.68万人，死亡率为9.16‰；人口自然增长率为0.28‰，人口密度约为163人/km²。① 中卫市2021年年末2022年年初常住人口107.5万人，其中城镇常住人口54.3万人，占常住人口的比重（常住人口城镇化率）50.51%。全年出生人口1.41万人，出生率13.15‰；死亡人口0.74万人，死亡率6.90‰；自然增长率6.25‰，人口密度约为61.33人/km²。吴忠市2021年年末2022年年初常住人口139.2万人，比上年年末增加0.8万人，其中城镇常住人口78.9万人。全年出生人口1.7万人，出生率为12.25‰；死亡人口0.93万人，死亡率为6.7‰；自然增长人口0.77万人，自然增长率为5.55‰，人口密度约为64.89人/km²。固原市2021年年末2022年年初常住人口114.8万人，比上年年末增加0.5万人，其中城镇常住人口51.0万人，占常住人口比重（常住人口城镇化率）为44.43%，比上年年末提高0.84个百分点。全年出生人口1.46万人，出生率为12.74‰；死亡人

---

① 甘肃省统计局，国家统计局甘肃调查总队．甘肃省国民经济和社会发展统计公报［EB/OL］．每日甘肃，2022-03-17.

口 0.94 万人，死亡率为 8.20%；自然增长率为 4.54%，人口密度约为 84.76 人/km²。陕西三原县、甘肃会宁县、宁夏灵武市等 9 个县市 2021 年年末人口总数 252.47 万人。陕甘宁革命老区保持平稳的人口增长率，但受到社会发展影响，该区域人口逐渐流入大城市或其他地区，人口总体上呈现下降趋势。在部分地区人口密度极低，比如甘肃省庆阳市的环县，人口密度约为 32.48 人/km²。

二、乡村人才结构不合理

从调查统计数据看，陕甘宁革命老区城镇化率在逐年上升，人口老龄化严重，乡村人口外出打工人数逐渐增加，尤其是青壮年基本上都外出打工或做生意，离开了出生地，大学毕业生大多数流动到发达地区或者城市城镇就业，返乡创业就业的人数寥寥无几。乡村人口流出严重，流出的人口主要是青年劳动力和大学毕业生。乡村人口流动的特征决定了留在陕甘宁革命老区的人才数量减少，乡村自身培养人才的动力不足，留守在该地区的人口整体素质不高。这严重影响了该地区经济社会发展，出现了人才结构不合理、分布不均衡现象。靠近西安、延安、银川等经济比较发达的地区，人口密度相对较大，人才占总人口的比重相对较高；而远离大城市或者集中发展地区的陕甘宁革命老区，人才数量占比较低，尤其是偏远农村人才极其匮乏，人才分布极不平衡。

三、乡村人才整体素质有待提高

陕甘宁革命老区经济社会发展基础薄弱，各项事业发展相对于发达地区而言处于滞后状态，人才流失、人才缺乏，导致该地区人才素质不高，竞争力不足，发展能力受阻。该地区教育事业发展缓慢，许多优秀教师资源流向县城或者市区，农村中小学教育教学质量受到严重影响，儿童、青少年文化基础不牢固，后续发展潜力不足。陕甘宁革命老区人口整体文化水平与发达地区相比较差距大，这直接影响着农民技能培训的效果，同时也影响着后期农户持续创收的能力。此外，由于深受传统文化影响，部分农民缺乏开拓创新的勇气，对于培训的期望度不高，仅期望能满足温饱问题，同时缺乏市场意识，导致生产的产品与市场需求不符，经济效益低下。例如，甘肃省庆阳市 2021 年全市事业单位各类专业技术人员 45532 人，其中高级技术人员 5634 人，卫生技术人员 21753 人，人均专业技术服务人员仅为 2.1%。甘肃省平凉市卫生技术人员 15775 人，其中执业医师和执业助理医师 6069 人，注册护士 6695 人，人均医疗专业技术服务人员仅为 0.86%。延安市卫生技术人员 1.93 万人，人均医疗专业技术服务人员为 0.85%。2021 年统计数据显示，庆阳市全市常住人口 215.94 万人，其中拥有大学（指大专及以上）文化程度的人口为 225339 人，拥有高中（含中专）文化程度的人口为 259008 人，拥有初中文化程度的人口为 678751 人，拥有小学文化程度的人口为 710740 人（以上各种受教育程度的人包括各类学校的毕业生、建业生和在校生）。全市常住人口中，文盲人口（15 岁及以上不识字的人）为 106962 人，文盲率为 4.95%，拥有大学（指大专及以上）文化程度的人口占总人口 10.44%，初中及以下文化程度人口占比 77.57%，该地区人口文化素质明显不高。据 2021 年对庆阳市 913 名外出务工人员文化素质抽样调查，其中小学文化程度 87 人，初中文化程度 409 人，高中文化程度 168 人，本科 88 人，研究生 5 人，高中及以下文化程度人员占比 89.81%。乡村人口文化素质较低，很大程度上影响了人口的劳动生产能力和创新发展能力。

四、乡村人才队伍建设工作方法有待改进

近年来，在国家全面建设小康社会、脱贫攻坚过程中，陕甘宁革命老区各县市均重视人才建设和乡村人才配置，地方政府制定了一系列人才引进政策，出台了一系列人才引进措施，增加了革命老区人才数量，提升了人才质量，促进了城镇和乡村人才有序流动，有效支持了乡村发展。但由于部分地方政府在主观上对人才不够重视，未能将人才队伍建设和经济发展有效统筹规划，造成人才无法满足社会经济发展实际需要，有的"引智工程"浮于表面，实施力度不够，在人才引进时搬政策套规则，尤其是对紧缺人才引进时不能"一人一事一议"灵活处理，对引进人才的家属在学历方面要求也比较高，导致一些人才相关家庭成员不能有效安置，导致引进人才。即使引进的人才也因为家属安置方面的问题，一定程度上影响受到一定阻碍了人才引领作用的发挥。

五、乡村人才政策机制有待完善

陕甘宁革命老区乡村人才建设的政策制度不完善，缺乏必要的明确的人才建设制度，更没有乡村人才发展长远规划，乡村培养农村人才的机制不完善，缺乏科学性、系统性人才培养规划与管理方案。通过在陕甘宁革命老区部分县市调研发现，各县市基本上没有独立的针对乡村人才振兴的政策机制，乡村人才如何发展没有明确的目标任务，也没有具体的系统措施。陕甘宁革命老区各地区教育资源分配不均衡，部分农村教师素质不高，代课教师或代课教师转正人数占比较大，师资力量明显不足。乡村人才社会保障体系不健全，缺乏必要的劳动力市场运行机制。乡村人才培训体系不完善，在国家脱贫攻坚时期进行农村人才培训，大多数只是对农业生产技术、电商运营技术、畜牧养殖技术的培训，受培训者基本上都是老年人（青年外出打工不在本地生活），培训只是过程性的、讲座式培训，实操性培训不多，而且培训的内容和农村需要的内容有差距，缺少培训之后的考核环节，因此受训者对培训内容的掌握程度有限，受训者能力提升效果大打折扣，在开展技术应用和管理时效果不佳。缺乏完善的城乡人才流动机制，农村现有人才上不去，长期滞留在农村，没有晋升机会或者机会太少，城市或者城镇人才不愿流入农村，即使驻村干部也缺乏必要的技术指导能力，对乡村振兴参与程度低，提供的智力不足，支持乡村发展的效果不佳。农村和乡镇的人才面临"进城难"，缺少人才合理流动机制，各地区实行基层改革工作，编制数量减少，不能留住优秀人才，对人才积极性影响大，导致乡村人才工作动力不足，乡村建设出现严重人才流失问题。另外，乡村人才培训资金投入不足，培训设备设施不健全，培训资金利用效率不高。部分地方政府尚未建立引智机制，未能有效利用当地高校智力资源促进农业农村发展。为农民提供的培训大多数为短期、单次、集中面授的模式，时长从三天至一个月不等，培训结束后通过各种方式引导农民就业创业，但农民在后续实践过程中遇到的难题，仍然缺乏有效的途径进行后续咨询和再次学习，对培训的长期效果有一定的影响。

六、乡村发展环境落后，人才作用发挥受到影响

陕甘宁革命老区处于黄河中上游地区，属于西部内陆温带大陆性半干旱气候，资源禀赋不足，生态环境整体脆弱，植被覆盖率低，以落叶林为主，常年干旱少雨，水土流失严重，风沙大，空气干燥，空气质量较差。夏季落叶阔叶林绿树成荫，也进入农业生产季节，植被覆盖率高，空气质量较好；但到了冬春季，干旱少雨，大部分地表裸露，大风夹杂着尘土四处飞扬，严重影响人们的正常生活。经济社会发展环境与发达地区相比有很大的差距，交通事业发展滞后。进入高铁时代，全国各地通高铁，给人们出行提供了便利条件，带来了经济繁荣和社会发展。但陕甘宁革命老区，目前只有银西高铁（2020 年通车）、西兰高铁、延西高铁，区内很多地方不通高铁，甚至目前也没有高铁建设规划。陕甘宁革命老区目前主要的交通还是靠公路运输，高速公路运输效率有限，地级市之间有高速公路，县与县之间基本上没有高速公路。在

人才引进时，交通不便也成为一个限制条件。与城市相比较，陕甘宁革命老区基础社会建设滞后，部分乡村截至目前还不通车，互联网基础建设滞后，山区的农村网络信号差，甚至有些农村没有信号输送站，获取信息困难。陕甘宁革命老区经济发展基础薄弱，以农业产业为主，农村工业发展缓慢，城乡居民收入差距高达 3 ~ 10 倍，生产工作环境较差。陕甘宁革命老区的农村与城市城镇及经济发达地区相比，在个人收入、工作环境、生活幸福指数等方面没有比较优势，缺乏干事创业的良好环境，缺乏人才吸引力，出现农村引不进人才、留不住人才、用不好人才、人才流失严重等问题。出于追求美好生活的理念，"人往高处走，水往低处流"，当地培养的人才逐渐流向长三角、珠三角及东南沿海发达地区。

第二节　陕甘宁革命老区乡村人才振兴存在问题的成因

一、人才观念意识

乡村振兴是全面实现社会主义现代化国家的重点战略，乡村振兴关键在于人才振兴，主要是要树立"人才是第一资源"的理念。调研发现，陕甘宁革命老区在乡村人才建设中对人才不够重视，人力资源开发意识不强，不论是基层政府还是农村自身，都未能充分认识到农村地区人力资本开发的重要性和必要性，特别是基层政府，对农村人力资本的开发认识不足，并且观念淡薄，从思想观念上就没有重视农村人力资本的开发，对农村地区人力资本开发没有制订出一套完整的方案。

一是地方政府对乡村人才重视不够。地方政府对于乡村人才培养意识不强，基本上靠乡村人才自身意识改变来推进乡村人才素质提高，开发手段少，经费投入少，引智能力不强，基层组织对现有人才开发力度不够、能力不足，加之高校毕业生返乡人数极少，造成农村人力资本匮乏。长久以来，地方政府由于经济发展的需要，工作重心集中于招商引资方面，对于人才的需求也往往着眼于创业经营型人才等高端人才，却忽视了真正拥有一技之长的乡村本土人才。另外，由于人才培养周期长，短期难以见效，无法直接体现出政府工作绩效，因此很多地方政府对于人才培育这种长期工程缺乏主动性，开展人才培育工作的力度不够，多重口头强调、重计划方案制订，轻人才培养质量、培训效果考核和培训结果应用。

二是农村对人才存在认识误区。农村对什么是人才存在认识上的误区，体现在部分农民仅仅关注带富能力强的人才，认为能够带领自己致富的就是人才，对于其他类别的人才关注度低。受传统观念的影响，在乡村很多农民对于人才的认定，有的以带富能力来划分，认为只有能够带领农民发家致富，创造经济效益的人才属于人才；有的以岗位性质划分，认为只有农技人员这类能够教给农民技术的人才属于人才；有的以身份划分，认为在乡村有身份、有地位的人属于人才。这些认识使得乡村在人才判断上陷入了误区，根本上不利于发现人才、使用人才。此外，部分农民对待新技术和新品种方面也存在着有利则蜂拥而至，少利则独善其身的现象，不去具体了解市场信息，盲目跟风现象严重，失败后最后承担损失的只能是致富带头人，因此带头人创新和创业的积极性也会大打折扣。①

三是农民自身发展意识有待提高。农村人口自身发展动力不足，自我学习意识不强，受传统观念严重束缚，部分农民缺乏独立意识，不能对自身有正确的认识，在思维方式和做决定上有着较强的依赖心理和从

---

① 李炎．习近平人才观视域下乡村人才培育研究［D］．太原：山西师范大学，2020．

众心理。在农业产业经营中，家庭经营是农民参与生产的主要形式，受到长久以来的家庭生产的观念意识的束缚，使得部分农民在创造价值的思想上有着狭隘的思维。他们认为乡村振兴是一次由政府领导的自上而下的活动，自身只是作为配角参与农业农村的发展，而不是主角，乡村振兴与否与自己关系不大，只要自己收入增加，日子过得好就行，缺乏主人翁意识。① 这种思想和观念的存在会减弱农民的自我认同感和存在感，削弱主体地位意识，不能真正地意识到乡村振兴的深刻内涵要义，也就不能意识到自己在乡村振兴中的重要价值，也就难以发挥农民主体性作用。② 留守在农村的劳动力基本上都是中老年人，对于新知识、新技术的接受速度较慢，开展新的产业发展能力不足。他们基本上都是沿袭前人留下的传统技艺，子承父业，耕种或者养殖，对市场发展和需求知之甚少。

二、乡村人才外流

创新创业环境的好坏，严重影响人才的去留。目前，陕甘宁革命老区乡村创新创业的环境较差，难以发挥人才作用。根据刘易斯-弗-拉尼斯模型，社会越发达，受到经济发展和环境条件的影响，人口从农业部门流向现代产业部门，在推力和拉力综合影响下，农村大量劳动力流向发达地区。在我国实施脱贫攻坚和全面建设小康社会过程中，城镇化率逐年提高，城镇化和工业化加速了大量优质人力资本从农村向城市和城镇单向流出，大量优质劳动力迁移到城镇地区，逐渐降低了农村劳动力的整体素质。陕甘宁革命老区农业发展基础薄弱，靠天吃饭的耕作生

---

① 程华东，惠志丹. 乡村人才振兴视域下农业高校人才培养的困境与出路 [J]. 中国农业教育，2019，20（6）：34-41.

② 程华东，惠志丹. 乡村人才振兴视域下农业高校人才培养的困境与出路 [J]. 中国农业教育，2019，20（6）：34-41.

产和复杂多变的地理环境，加之工业与农业生产收益率差距大，农民对土地的依赖度降低，多数农民外出务工。城市发展环境、教育医疗和福利待遇都明显优于乡村，乡村人口大量流入城市。庆阳市人口流动专题调查结果显示，从 2015 年至 2023 年年初，庆阳市流出人口 50 多万人，占人口总数的 17.5%，流出人口的主要原因是外出务工、子女求学、孩子升学、外出在城市做生意等，流出人口中青年劳动力占 75%，部分人举家迁移至城市或者城镇，人才流出导致乡村生产经营主体转变，老人和妇女承担繁重农活与家务，很少有时间和精力学习新技术，加之青壮年劳动力缺乏致使农村生产粗放化，部分耕地撂荒，土地荒芜使农业生产力下降。陕甘宁革命老区其他地区人口流动与庆阳市有相似的特征，而且在城市周边这一现象更加突出，年轻有文化的人口大量流出，不仅导致农村出现空心化现象，更重要的是掌握现代农业技术的人才放弃农村事业，导致乡村人才队伍不稳定。农村人口大量流出，不仅仅是人才的流失，更重要的是人力资本流失，导致农村长期积累的物质资本随着人才流出而带走，农村发展的基础更加薄弱，资本持续投资的后劲不足。

三、乡村人才培训体系

陕甘宁革命老区农村教育长期处于低水平状态，农民整体受教育程度较低，也是受制于落后的农村人才培养体系。通过调查研究发现，陕甘宁革命老区乡村人才培养落后于国内发达地区，缺乏专门的培训机构和相关法律制度，没有固定的师资队伍。

一是缺乏乡村人才培训的专门培训机构。有的市县还没有形成与地方人才培养相适应的一套完善的农村人才培养体系，没有建立直接针对农民发展的培训机构，有的市县乡村人才培训由乡村振兴局负责，有些由农业农村局负责，有些由工信局（乡村企业人才培训）负责，乡村人才培训管理混乱，各部门都是根据自己所管辖业务在农村进行农民培训，涉及的培训技术也不一定是当地农民需要的技术，培训效果差异很大，部分培训甚至无效果。即使一些农民在生产经营过程中有需要进行某项农业职业技能培训时，通过乡政府联系培训机构给予培训，但很多时候找不到专门的培训机构，也没有专业渠道，这直接限制了农村人才培养和发展。对农村人才培养的对象、目标以及培养内容不明确，也导致我国农村人才培养计划在陕甘宁革命老区落实起来困难，农村劳动力的整体素质提高速度缓慢。

二是缺乏乡村人才培训的师资队伍。陕甘宁革命老区农村在与市场接轨过程中，产业发展更加复杂，乡村经济结构也在不断调整，各个产业之间相互交融，需要多种复合型人才，这一趋势对人才综合素质要求越来越高。乡村各个产业的发展对金融型人才、经营管理型人才、技术型人才的需求也越来越高。通过调查发现，陕甘宁革命老区各县市在农村人才培养方面缺乏高素质的师资队伍，大多数师资是当地农业技术推广部门的技术人员和高校教师。农业技术推广人员对当地的传统农业生产技术掌握较好，但对农业新技术掌握不够，且大多数培训老师只懂技术，对市场流通领域知之甚少。高校教师多从事技术研究和经营管理研究，对农民技术需要和当地农村生产经营状况不甚了解，培训内容大而空洞，农民培训受益有限。投入培训的师资中有相当部分教师都是自然成长起来的"土专家"和"田秀才"，没有经过系统的培训，靠长期的实践经验积累"走天下"，缺乏专业技术培育。同时，农村经济已呈现多元化、多层次的态势，但陕甘宁革命老区乡村人才培训内容和形式过于单一，仍然以生产技术为主，注重田间实践，因而乡村人才的发展机会少、进步空间小，在一定程度上限制了乡村外向型经济的发展，难以满足乡村振兴的实用人才需求。据调查，很多乡镇缺乏具有针对性的农民职业培训中心，所谓的农业技术推广站形同虚设，只是在农业生产季节象征性地给予农民帮助，很少能够解决农业生产经营中的实际问题。近年来，陕甘宁革命老区农村快速发展对掌握现代生产经营技术的人才的迫切需求与本地农村教育资源匮乏的矛盾越来越深，培训效果不佳或者得不到培训这一结果导致农村人才发展状况不能很好地适应农村经济发展。①

三是缺乏农村人才培养的法律制度体系。由于我国在农村人才培养的道路上并没有一套完善的法律体系，虽然乡村发展已经上升到国家战略水平，但农村农民教育的重要地位并没有得到法律支持。在陕甘宁革命老区这样一个相对于全国来说较小的范围内，各县市并没有形成地方性法规用以规范农村人才培训，部分县市有农民培训的政策和制度，但都是根据短期需要制定的，缺乏长期乡村人才培养制度建设。在调查中发现，陕甘宁革命老区各县市、乡镇在农民培训方面多数是根据财政拨款投资项目进行的，都有农事生产季节性培训的长期过程性培训，但和现代农业生产经营实际需要之间差距很大，不能有效应对产业结构调整和农村发展实际需要。

四、乡村人才激励机制方面

与城市城镇相比较，乡村激励人才发展的环境还未形成，在生活便利性、舒适性、公共资源共享性、工作环境等方面均存在不足，环境的差异性导致留人难，人才稳定性差。在陕甘宁革命老区调研时了解到，乡村在引进人才、留住人才等方面缺乏有效的激励机制。

一是对乡村人才的物质激励投入不足。由于当地经济发展滞后，人均收入水平不高，按照国家行政事业单位工资区域差异化制度，陕甘宁

---

① 钱宇，陈丽莎. 乡村振兴背景下河北省乡村人才短缺问题研究 [J]. 山西农经，2021 (22)：91-92，95.

革命老区工资收入水平明显低于东部沿海发达地区，与中部地区相比较也处于低收入水平。工作环境差、收入水平低、城乡收入差异大等原因致使乡村人才数量越来越少。近些年，虽然有政府的下乡补助、乡村振兴帮扶工作人员补贴、科技特派员补贴等对边远、贫困乡村工作人才的补贴，但是，对乡村人才的激励效果不佳。因受乡村经济水平的影响，人才激励制度改革难度大，财政拨款多用于现有工作人员的日常开支，专门用于人才开发培育的资金不固定，覆盖程度低，没有形成固定的人才开发专项资金和投放标准，对人才的激励作用不强，导致人才外流。同时，待遇保障机制不健全，人才不愿意下到农村工作，同一市县城乡之间在薪资待遇、社会福利、生活环境方面仍然存在较大差距，难以满足乡村人才的需求，导致乡村对人才的吸引力不足，人才留不住。

二是考核管理机制不完善。陕甘宁革命老区各个地方虽然在职称评定标准中规定，品德、业绩、能力突出的乡村人才均可申报职称评定，在艰苦边远地区工作达到一定年限考核合格即可晋升或晋级，同时打破逐级晋升的限制，享受"跳级"评审，但是并未制定相关文件规范晋升的细则或者晋升细则不明确，出现某些人才为晋升职称或者职务才去乡村工作，一旦晋升之后便想办法返回城镇或者离开该地区，地方缺乏对人才认定后的考核和管理具体规定。人才晋升之后考核管理工作不足，导致乡村人才不积极、不主动、流失严重，直接影响乡村人才振兴进程。

五、乡村创业就业环境

陕甘宁革命老区乡村既有现代农村发展的特征，更有传统生产经营方式和传统文化的烙印，现代文明在乡村发展的速度远远不及城市快。据观察，当地乡村的市场体制不完善，仍然较多采用传统的经营方式，科技普及程度低，发展环境也较为落后，很大程度上难以满足乡村人才发展的需求，乡村人才技术和经验的优势也被限制。

一是生产方式单一，生产效率低下。当前我国乡村正处于农业现代化建设的重要阶段，陕甘宁革命老区农业发展滞后于先进发达地区，农业正在由粗放型发展向集约型发展转变，农业现代化需要产业转型来促进农业增收创收，用现代的经营管理理念实现农产品的规模化、品牌化。在陕甘宁革命老区的很多乡村，由于技术手段落后、信息传递闭塞，仍然采用传统的农业生产方式。传统的农业生产方式主要是通过扩大耕地面积和加大物质投入来实现的，这种生产方式效率低下，投入与回报难以形成正比。近年来，由于农业生产资料价格上涨，单位耕地面积投入增加，而生产成本的增加直接导致农业生产净收益下降，甚至在某些地区种植业效益为负，耕地撂荒现象严重。先进技术在农业生产中逐渐被应用，但由于地形地貌特征的影响，陕甘宁革命老区很多山坡地无法进行机械化操作，劳动力资源型生产方式效益低下，人才在该环境中的作用很难发挥。与城市相比，乡村经济基础薄弱，生产力水平低，实地产业数量少，对人才需求少，限制了人才发展的空间。由于乡村人才缺乏，新兴产业在乡村很难落户，第一产业从业人数比重较大，第二、三产业从业人数相对较少。乡村人才多从事于生产周期长、经济回报率低的产业，生产型人才比重大，经营管理型人才、科学技术型人才稀缺，市场信息获取存在滞后性，经营管理方式落后，先进技术难以推广，服务行业也仍然停留在初始阶段。在传统意识影响下，农村产业各自为战，彼此之间关联度低，产业之间融合差，未有效进行统筹规划，协调统一发展，导致农业产业很难与现代市场接轨。在传统生产方式的影响下，农民对农业新技术理解程度低，接收速度慢，农业技术人员工作难度大，乡村人才培训效果差，加之工资低、待遇差，长期以来，农业技术人员工作的实效性大打折扣，对农民技术员培训数量有限。

二是经营管理分散，组织化程度低。在现阶段我国家庭联产承包责任制的农业生产经营方式下，陕甘宁革命老区乡村和全国各地的乡村一样，农业生产经营方式多为分散经营，多以个人或农户家庭生产、制造、加工、销售农产品，具有自发性、分散性、个体性的特点。在这种经营方式的影响下，农民之间交流合作少，协作能力差，资源整合和信息共享能力薄弱，对市场的需求了解少，技术更新方面缺少带头人引领，人才示范作用难以发挥，尤其是面对自然灾害时，抵抗能力很差。单家独户分散经营方式导致经营成本明显增加，而农业补贴少，保险覆盖率低，限制了规模化经营，致使农业技术难以大面积推广应用。由于体制的问题，乡村也缺少能够组织生产型、加工型、销售型人才的组织单位，地方政府倡导农村人员自我组织规模化经营，由于多种因素影响，效果不佳。加之乡村人才管理松散，难以扩大产业规模，也难以起到应对市场变化冲击、推进农业技术转化的作用。

三是科研与生产出现一定程度脱节。目前，我国正处于从传统农业向农业现代化转型的关键时期，农业现代化的发展，不再依赖于耕地面积的扩大和化肥农药的使用，更多的是依靠新技术、新品种的投入来打破资源的有限性。陕甘宁革命老区在农业技术研发方面出现了很多独具地域特色和干旱半干旱地区农业生产经营的科技成果，在农业生产中也被广泛应用，提高了农业生产效率，提升了农业现代化水平。但成果转化率低，受客观环境条件和经济条件的制约，很多农业科技成果在乡村难以推行。同时该地区农业技术示范基地数量少，农业高新技术示范典型样板少，专家实地指导少，大多数农民对于新技术存在抵触，对于新品种存在观望状态，因新技术带动乡村人才培训的数量和质量都受到了影响。

六、乡村人才供给与需求

随着国家乡村振兴战略逐步推进，乡村各项产业投资增加，各类人才的需求量都在增加，特别是区域性的特色产业发展和新型产业发展需要大量的人才支撑。产业发展改变了乡村人才需求的结构和数量。目前，在乡村振兴中，各级政府都在挖掘本土资源，充分进行产业结构调整，开发新的项目，发展区域经济，人才由第一产业向第二、第三产业聚集。乡村发展急需各类农业产业人才、农业经营管理人才、各类实用技术人才，但在产业格局变化的情况下，乡村发展人才严重不足，乡村人才供给与需求之间的矛盾更加突出。从人才需求上来看，乡村既需要从事生产经营的经营管理人才，又需要管理服务领域的社会服务人才和党政干部。而乡村人才呈现出结构失衡、质量不高、总量不足的供给现状，与现实需求失衡。从农业科技人才队伍现状看，虽然农业科技得到不断改进，但是"不爱农""不安农""不善农"思想在高校农业科技人才中根深蒂固、难以扭转，农业科技干部虽然进行着科技研发和推广工作，但相当一部分人从事这个事业并不是热爱农业，而是借助这份工作获取生存的资源，因此，他们的工作缺乏创新的动力和成果。①

　　大多数农业科技人才具有理论知识，但是缺乏实践经验，对于农业生产经营调查研究不够，主动选择涉农专业就业的意向较弱，农业技术推广中心的很多专业技术人员在工作中只注重完成基本工作任务，工作质量不高，效果不佳，大多数时候是被动而非主动。社会上对涉农专业和就业的传统认知也深刻影响农业科技人才对涉农就业的态度。一些大学生家长身在农村，却极力反对自己孩子大学毕业后到本地工作，支持他们去沿海发达地区或者大城市工作。大学生也难以培养自身的农业情怀，大学毕业后怀着对大城市生活的向往，不愿意在本地就业，总想着出去闯一闯，思想认识上存在的问题导致农村很难留住人才。随着历史的推移，乡村人才不断流失，长期人才流失导致乡村人才数量不断减

---

① 梁静. 乡村人才振兴的现实困境与破局进路［D］. 北京：北京农业学院，2022.

少。同时，涉农高校农业专业人才培养时目标定位不明确，缺乏特色，农业发展与科学研究不同步，现实需求与教育服务不匹配，农业专业大学生学农爱农的思想尚未形成，毕业后从事农业工作的热情不高，在农业行业就业的人数占比较低。农业科技人才培养没有充分与乡村振兴有效衔接，"离农"现象并没有减弱，这直接造成人才供给与人才需求脱节，农业科技教育培养的人才与乡村振兴的协同推进难以深度融合，使乡村振兴难以得到优质人才的有力支撑。乡村振兴"人才供给"与"人才需求"之间矛盾仍然突出，需求类型多样，需求数量大而实际供给少，供给严重不足，乡村人才需求与供给失衡问题依然比较严重。

七、乡村人才社会保障

在陕甘宁革命老区各县乡村调查结果显示，调查对象从事行业不同对于乡村社会保障条件有不同的认知和关注，但不同行业的杰出人才普遍反映出的高度需求是能够快速、便捷地享受到高质量的医疗、卫生、教育等日常必需的公共服务资源。

一是乡村人才不仅关注自身的工作和生活，更重视孩子的教育和健康成长。青年人才普遍表示，如果进一步考虑在当地安家落户，他们更多的关注点在家人的户口迁移、孩子的教育、医疗卫生等相关问题。而现在看来，这些问题对于乡镇和农村地区却是一个极大的"短板问题"，筑巢引凤，农村这个巢与城市的巢相比在诸多方面都处于劣势，没有好的巢很难引到"凤"，即使引进了"凤"，也很难留住，有好的居住工作环境，才能更好地将人才"引进来"。① 当地很多企业单位的优秀员工认为，要是能将子女入学教育问题解决好，让孩子享有良好的

---

① 洪润. 乡村人才队伍建设的问题与对策 [J]. 农村·农业·农民（A版），2024（4）：46-48.

教育资源，接受良好的教育，他们就不会另外择业，才能安心在乡村工作。由此可见，人才在对于工作环境和待遇关注的同时，更加关注自身的生活环境和子女未来的基础教育，户籍、医疗、教育等基础服务问题才是人才选择"目的地"与"扎根地"的关键条件，甚至是决定性因素。从现状来看，城镇乡村"二元结构"和现在正在实行的户籍政策，以及现有的乡镇基础公共服务还不能真正吸引人才安家落户。

二是乡村人才更加重视生活便利性。当下衡量生活质量的重要标准之一就是生活的便利性，主要体现在生活效率上。作为社会生活中的自然人，现实生活中交通的便利程度、生活用品购买的便利程度和周边生活娱乐设施配套程度是影响生活效率的三个极其重要因素。在一些基建较为落后的镇村，交通便捷程度较之城市有巨大差距，道路建设和公共交通工具提供的便利性差异很大。地处黄土高原深处的陕甘宁革命老区，大部分地方是山区，山高路远的现实无法改变，尤其是国家贫困县的农村，"村村通"工程还未普及，个别偏远村庄未通柏油路或者水泥路，一日仅通两班外出公共汽车，抑或公路的延伸未能直通村内，即使自驾也会在途中耗费大量时间，生活成本在经济和时间上大幅增加。部分村庄道路还是土路，雨雪天气道路湿滑，泥泞不堪，通行困难，生活便利性差。

三是乡村人才文化娱乐生活条件差。乡村的娱乐生活带有地域性和本地文化特色，在乡村工作的人才群体，工作作息也大致贴合本地村民生活规律，夜晚空闲时间较多，但由于地域限制，休闲娱乐的活动方式少之又少。人才在乡村工作也需要一定的文化交流和娱乐活动调节生活，但由于乡村资金有限，平时参加娱乐活动的人少，基本上都是在季节性或者一些庆祝的节日才开放，娱乐设施少而且档次较低，加之文化差异，乡村人才融入其中较难。乡村有独特的自然风景和农业生产环境，盛夏季节鸟语花香，水流潺潺，郁郁葱葱，如此闲情逸致的乡村风情听起来也许别有一番滋味，但长期生活在这样的环境中，留守在乡村中的人才更多的感受往往是孤寂的乡愁，特别是在寒冷的冬季，大风刮着黄土浮尘四处飞扬，光秃秃的山头给人一种非常萧条的感受，这样缺乏有效沟通交流的环境，久而久之导致人才对乡村工作丧失了归属感和使命感，产生了乡村倦怠。

四是乡村不能很好提供人才科研环境。由于经济发展水平和自然环境条件的限制，可供乡村人才开展科学研究的基础设施设备和学术交流的机会有限，诸多涉及农业农村发展问题研究的条件不具备，尤其是涉及化学化工、水利电力、气象监测、生物农药等方面的研究，在没有一定仪器、设备和实验室的条件下是无法进行科学研究的，导致一些高层次技术人才在农村无法发挥人才作用，遇到问题不能借助相关仪器设备解决问题，常常需要到城市或者大学专门的实验室化验检测，长此以往，研究条件不便导致科技工作者不能安心在农村一线工作，总是寻找各种机会离开乡村去城市，这是乡村人才流失的另外一个主要原因。

第五章

陕甘宁革命老区乡村人才振兴机制创新

乡村人才振兴，不仅是乡村振兴战略落实的关键，而且是推进农业农村现代化建设的核心问题之一。在社会人才资源不断丰富和发展的新时代，建立符合陕甘宁革命老区地域特色和发展实际的乡村人才振兴机制是广泛引进人才、有效留住人才、合理使用人才的必然选择。创新行之有效的乡村人才建设机制，是推动乡村人才发展的有效措施，更是建设社会主义现代化农村的长久之计。我们要立足陕甘宁革命老区经济发展实际、教育发展实际、人才观念实际、人才管理制度建设和运行等实际情况，坚决贯彻落实国家人才建设的相关政策，充分考虑提升陕甘宁革命老区治理能力现代化和乡村振兴的现实需要，构建科学合理、行之有效、独具特色的乡村人才建设机制，全面推进革命老区各地区、各区域、各行业、各领域人才振兴工作，进而推进老区各项事业快速高质量发展，提升陕甘宁革命老区现代化建设水平。

第一节　完善乡村人才培养机制

乡村人才培养，不仅是简单的培训，重点在于确定符合实际的人才培养目标，建立长期有效的培养制度体系，制订科学合理的人才培养方案，实施切实有效的培训措施，建立科学合理的人才质量评价制度，在强大执行力的保障下提升乡村人才的能力素质。

一、做好乡村人才振兴规划

陕甘宁革命老区市县乡政府要分层次、分范围、分行业，立足于现有人才类型、数量、质量和未来乡村发展的实际人才需求，坚持全面发展和重点把握的原则，制订乡村人才振兴的长远规划。各级政府在制订乡村人才振兴规划时，要充分考虑国家乡村振兴的各项政策、地方中长期发展规划对人才的需求、市场人才供给情况。下级政府要根据上级政府乡村人才振兴规划做出本级政府的乡村人才规划，各级政府制订的乡村人才振兴规划原则上要上下协调一致，不可相互矛盾。在乡村人才振兴规划中，内容要详细具体，具有可操作性和实施的可能性，越是基层政府的人才规划越要具体可操作，尤其是乡镇政府的人才规划必须与当地农村产业发展对人才需求情况结合起来。乡村人才振兴规划体系中，人才建设的目标体系、各时段人才建设的数量和质量、具体方式措施、实施路径、人才评价机制、人才保障机制、人才管理运行机制等内容均需纳入规划当中。在乡村人才规划制订过程中，政府部门要通过实地调研、广泛征询社会各界人士的意见和建议、组织专家分析论证，制订科学合理的乡村人才发展规划，并在行政辖区内一定范围进行试点，将试点结果进行再次分析，根据分析结果对乡村人才规划进行修订，然后再在行政管辖全域实施。

二、建立乡村人才培训管理体系

面对目前陕甘宁各地区乡村人才培训管理中管理混乱的实际情况，乡村人才培训应该建立由政府主导、企业和社会非政府公共组织共同参与合作协调的乡村人才培训组织体系，积极构建人才管理体制，培育更多的乡村人才。针对当地乡村人才分布不均、需求多样化、管理混乱等现象，政府要从具体实际出发，从行政管理系统建立分市级、县级、乡镇级和村级四级乡村人才振兴管理服务体系，各级政府设置乡村人才振兴管理部门或者指定专门的管理机构负责乡村人才培养和培训，最好是在乡村振兴局设置专门机构负责乡村人才培养培训工作。负责机构应分析辖区内乡村人才现状，了解乡村人才变化情况，制订提升行政辖区内乡村人才培养计划，负责实施乡村人才培养工作。在陕甘宁革命老区各级行政区域内形成政府主管部门负责、各相关职能部门配合、企业和社会非政府公共组织参与的管理体系，做好本地人才培训需求调研、培训对象选拔、培训计划制订、师资数据信息统计和教材开发编写等工作，提高培训工作的规范性。陕甘宁革命老区的龙头企业和农民专业合作社也要积极组织企业员工培训，社会公益事业单位也应该在一定程度上组织社会人员的就业和能力提升培训，发挥公益组织在乡村人才培训中的作用。

三、根据需要确定合理的乡村人才培训内容

乡村人才培训内容的选择，应该坚持适用实效新颖的原则，既要满足现在人才工作需要，也要把当前社会发展、技术更新的新知识、新理论、新科学纳入培训当中，立足当下的同时瞄准乡村人才未来发展。乡村人才培训时，培训的组织者要根据培训对象对知识能力的需求和乡村人才振兴总体要求确定培训内容。培训应该包括乡村人才思想培训、技能培训、知识体系更新培训等方面的内容，确定的内容应该和培训者从事的具体工作相结合，既要有理论知识，也要有实践技能培训的内容。重点放在现代农业技术、现代农业企业经营管理技能、市场调查分析、项目申请、项目策划及投资评估、现代信息技术应用等方面。

四、建立科学合理的乡村人才培养流程

乡村人才培训必须制定科学合理的培训流程，协调乡村人才培养中

的各种矛盾，理顺各种关系，确保乡村人才培养培训质量。乡村人才培训管理者要做好每一次培训的对象确定、培训内容确定、培训地点选择、培训教师确定、培训时间节点确定、培训后的考核方式和考核标准确定、培训中各种保障措施到位，严格培训标准，规范培训流程，确保培训效果。在培训规范制定时，组织者必须要事先与培训对象、培训涉及的相关部门进行必要沟通，防止培训过程中出现意外情况。

五、建立经验丰富的乡村人才培训师资队伍

培训效果好不好在一定程度上取决于培训教师，教师的专业能力素养、个人经历经验决定了在培训过程中能否帮助培训对象开阔思维、增长知识、提升能力。乡村人才振兴必须根据实际需要建立一支动态的、良性循环、补充更新的师资队伍，建立当地乡村人才培训师资库，并不断地更新补充师资库，确保师资队伍专业结构、年龄结构、知识结构、资质结构的合理性，为乡村人才培训提供师资保障。各级政府主管部门在每次人才培训时从师资库中选择合适的老师作为培训教师，根据培训内容选择老师授课，要保证培训教师的专业特长与本次培训内容一致，严防出现"李代桃僵"的现象。地方政府在选择培训教师时，应该选择大学老师、行业主管、企业成功的创业人士、本土先进模范典型人才担任培训教师。理论培训最好选择大学有学科专业研究成果的教师，他们有深厚的理论功底、扎实的学科基础、丰富的研究经历，他们能将新知识传播给培训者，带给培训者新的思想和方法。实践技能培训最好选当地创业成功人士或者企业带头人，他们经历了创业的失败与成功，在摸爬滚打中深刻体会到了创业中各时段各环节的风险与挑战，充分发挥个人创业中的经验和体会，能以个人的经历现身说教效果会更好。在政策性培训时，选择政府政策研究人员、部门主管、行业主管等人担任教师，因为他们是政策的落实者和执行者，平时对政策研读较多，对政策

理解比较透彻，能够发挥其对多种政策融会理解的优势。

六、建立科学合理的乡村人才培训考评机制

人才培训不仅仅要有过程，更重要的是必须注重培训效果。首先，各级政府主管部门应制定乡村人才培训效果评价制度，对培训目标的明确性、培训内容的准确性、培训流程的合理性、培训效果的有效性、经费使用的规范性等方面设置评价指标，给予不同指标相应的权重，采用综合评分法评价每一次培训的效果。其次，乡村人才振兴主管部门也要制定对培训对象学习效果的评价制度，从培训对象参与培训的出勤情况、学习任务的完成情况、学习结果的考核结果、学习能力提升情况、学习之后技术技能使用效果等方面进行考核，严格管理培训对象，防止出工不出率、学习走过场等现象发生。主管部门要不定期通过调查走访、技术勘察等手段对培训人员的培训成果进行分析评价，建立培训反馈机制，及时总结培训成果，分析培训中存在的问题，积累人才培训工作经验，保证乡村人才培训效果。与此同时，各级政府要对乡村人才培训部门进行工作开展情况年度考核，对其在本年度乡村人才培训中培训学员的数量、质量、培训经费使用情况、培训工作的过程等方面进行审查和考核，确保乡村人才培训有目的、有计划、有效果，经费使用合理、培训内容针对性强、培训过程完整、培训效果明显。各地各级政府形成乡村人才培养的联动考核评价机制，全面推进乡村人才振兴战略落地生效，有效提升陕甘宁革命老区乡村人才综合素质，助力产业发展和乡村振兴。

七、创新乡村人才培训方式

培训方式的恰当与否直接影响学习者对学习内容的理解掌握和培训效果。基于陕甘宁革命老区乡村农民自身文化程度较低、对新事物接受

能力较差、信息化支持学习的环境不良、居住地分散等实际情况，培训组织者一定要根据培训对象的学习情况设计合理的培训方式，针对不同的培训内容采取不同的培训方式。对于原理性的理论内容可以采取"课堂授课+在线视频+线下辅导"相结合的方式授课，培训老师讲解清楚主要内容，引导学员思考学习中的重点难点，学员可以通过在线视频反复观看重复多次学习，并在视频观看过程中加入知识点检测，提醒学员掌握必要的内容。对于学员在学习中遇到的问题，配备专业指导老师给予集中辅导，答疑解惑，帮助学员进一步熟化培训内容。对于实践技能性的培训，采用"在线影视动画视频+实验体验+实地考察学习交流"的方式进行。影视动画可以增强培训对象对培训内容的感性认知，尤其是针对操作性强的实践技能培训更需要动画助力。虚拟仿真实验、实验室实验可以帮助学员亲身体验技术操作过程，掌握技术要点。实地考察和野外实训，让学员看在眼里、记在心里，实地感受成功者的做法，与相关人员座谈，解决学员心中的疑虑，帮助学员建立自己的想法，创建自己的项目。通过多种形式融合授课，让学员在轻松愉快的环境中学习，有效提升培训效果。

第二节　健全乡村工作干部培养锻炼制度

乡村工作干部应当全面真实了解乡村振兴现状，特别是要掌握乡村振兴中人才需求实际，针对性帮扶农民开展生产经营活动，传播现代文明，培养农业生产、经营、管理人才，解决农民生产生活中遇到的困难，为农业农村发展提供智力支持。这就需要各级政府合理选配乡村工作干部，提升乡村工作干部的能力素质，建立必要的乡村干部流动机制，用活用好干部，助力乡村振兴。

一、科学合理选配乡村工作干部队伍

陕甘宁革命老区乡村振兴战略实施中需要大量指导农业生产经营和农村发展的干部，政府部门要出台系列农村工作干部选拔任用制度，根据当地乡村发展中存在的问题，选配能够助力乡村振兴的好干部进驻农村，为乡村建设服务。政府在选派驻村干部时，要充分考虑被选派人员的文化素质、道德品质、开展农业生产经营活动的专业素质，选拔综合素质高、能力强、志愿服务乡村的干部到农村推进乡村振兴。陕甘宁革命老区各级政府应该继续推进实施大学生村干部制度、第一书记制度、西部计划、强化"双基"制度，选派高素质专业对口的大学毕业生到乡村挂职锻炼，既能服务乡村振兴，也能为党和国家培养后备人才，实现一举两得。

二、鼓励高校科技人才到乡村挂职锻炼

针对人员流动，习近平总书记指出，要"推动人才下乡、资金下乡、技术下乡"。农业要想实现现代化，一方面靠科技，另一方面靠人才。目前陕甘宁革命老区乡村振兴中农业科技人才数量少，且多集中于传统产业，依靠这些人才进行农业现代化建设难度系数大，因此需要高校科研技术人员的技术帮助。各级政府应当建立高校科技人才乡村挂靠制度，允许高校科技人才在保障权益的前提下，前往乡村挂职，为乡村振兴提供智力支持。通过选派高校科技人才到需要的乡村开展对口服务，不仅可以强化对农业生产技术的服务指导，传播现代文明，还可以促进农业技术利用率的有效提高。选拔乡村服务的科研院校人才，要秉持"不求所有，但求所用"的理念，把掌握现代农业生产经营技术的高校科研人员选派到乡村工作，作为驻村干部带领农民发展。选派一批适合当地企业发展的高校科研工作者到企业挂职锻炼，允许挂职干部以

技术入股和技术承包的方式与乡村龙头企业合作，激发人才创新创业的活力，助力乡村企业和农民专业合作社发展。

三、制定科学合理的乡村干部管理制度

制定科学合理的乡村干部管理制度，不仅可以选拔出适合当地农业农村发展需要的人才，而且更能以制度规范的方式用好人才，激发人才参与乡村振兴的积极性和创造力。针对目前地方乡村派遣干部困难的实际，应当制定乡村干部选拔制度、乡村干部使用制度、乡村干部晋级晋升制度、乡村干部合理流动制度、乡村干部年度工作业绩考核制度，对到乡村工作干部的使用年限、职务晋升、职称评定、福利待遇、生活保障、子女求学就业等方面进行详细规定，在这些方面给予特别照顾和支持，提升乡村干部的待遇，明确其在工作期间和驻村结束之后的待遇提升细则，解决乡村工作干部的后顾之忧，激励有能力、有意向、有专业素养的人才长期驻留乡村支持乡村振兴，指导帮助乡村产业发展、项目建设、人才培养。

四、建立乡村人才咨询服务机制

各级政府要为人才做好各类服务工作，提供相关的信息，保证人才在良好的环境中服务乡村建设。乡村振兴局要建立专门的乡村人才咨询服务机构，设置信息咨询服务平台，为乡村人才提供必要的信息对接服务工作，接受人才政策性咨询。与此同时，信息咨询服务平台要接受农民的技术咨询服务，解决农民在农业生产和生活中遇到的问题。各级政府需要加强与科研单位、涉农院校合作，打造科技信息技术服务平台，通过远程沟通热线、专家下乡现场咨询服务、政务服务热线等方式为农户提供帮扶，为农户生产经营中遇到的问题把脉问诊、开方纾困。通过咨询服务平台推进科技成果转化，积极帮助农业科技人才解决成果单

一、成果难利用的疑难问题。科技信息服务平台也要及时发布农时季节性服务信息、与农业生产有关的科技服务信息，将信息合作共享，共同解决生产难题，积极发挥平台对于农民生产指导和问题咨询的优势。

第三节　建立各类人才定期服务乡村制度

乡村人才振兴需要多方面的力量共同努力才能实现，在使用人才的时候，要建立定期服务乡村制度，满足乡村发展过程中各项事业发展对人才的需求。建立城市与乡村人才融合发展机制，鼓励城市城镇教师、医生、科技人才、文化人才定期服务乡村，协同推进乡村人才振兴。

一、建立教师定期服务乡村制度

农民是振兴乡村的主体力量。乡村振兴既需要职业技术人才，又需要专门技术人才；既需要开拓创新的经营管理人才，又需要攻坚克难的科研人才。这些人才需要各级各类教育协同培养。2015 年 6 月，国务院办公厅印发《乡村教师支持计划（2015—2020 年）》，指出要推动城市优秀教师向乡村学校流动，推进县管校聘管理体制改革，为城市教师服务乡村教育提供制度支撑。在培养乡村人才的进程中，应当充分发挥城市教师的作用，发挥各类教育教学主体的作用，将社会中的教育主体纳入共同为培养乡村人才服务当中来。在乡村振兴战略人才支撑体系建设中，要建立完善城市教师定期服务乡村机制。地方高校可以利用教学人员学术研究任务相对较少、空闲时间较多的特点，通过政策引导，鼓励教师投身乡村建设。高校教师通过对乡村进行必要的调查研究，在掌握第一手资料的基础上，给予乡村法律服务、农业技术传播、课题指导、管理技能培养，为乡村人才振兴做出实质性的贡献。① 将课堂转移到田间，针对农民的现实所需提供直接的现场指导，实现理论和实践的辩证统一，推动传统农民向新型职业农民的现实转型。也可以为生态环境保护、乡风文明建设、乡村弱势群体关爱等方面提供指导咨询服务。城市中小学要积极鼓励教师投身乡村教育事业，让优质的教育师资资源统筹利用，让优秀教师定期到农村中小学开展师资培训，提升地方学校师资能力素质，为服务地方中小学教师，为培养乡村人才做出贡献。支持退休专家和干部为乡村振兴服务，对乡村的中小学教师补给可采用落实中小学教师晋升高级职称原则，要求他们原则上要有一年以上在农村基层服务的经历。地方政府要为教师提供更为可靠的保障机制，可以通过职称评审和福利待遇等杠杆，建立各级各类教师定期服务乡村职教的长效机制，并为乡村职教学校定期开展师资培训。高校要对在驻村工作中做出突出贡献的学者专家给予奖励，并在职称评审、职务晋升等方面给予政策倾斜。

二、建立医生定期服务乡村制度

陕甘宁革命老区农村要吸引城市医师和医学院毕业生到村卫生室工作，各地要通过省级、市级、县级医疗卫生机构对乡村医生进行岗位培训，提升乡村医生的医疗技术水平。地方政府要加强对乡村妇幼、老人、残疾人群的重点医疗卫生服务，加强乡村公共卫生服务，加强基层医疗卫生服务体系建设，支持乡镇卫生院和村卫生室改善条件；充分利用网络技术，推动远程医疗的入户普及，补充乡村医疗资源的短板等。从现实情况来看，乡村医疗卫生保障仍旧是乡村社会保障中比较薄弱的

---

① 黄珺. 乡村振兴背景下科学建设人才支撑体系的重要性［J］. 现代商贸工业，2022，43（24）：91-92.

一环，乡村的医疗卫生事业可以说远远落后于城市。实施乡村振兴战略，建立城市医生定期服务乡村机制是一个紧迫任务。在乡村振兴战略人才支撑体系建设中，要建立完善城市医生定期服务乡村机制。首先，落实高校毕业生到乡镇卫生院工作特岗计划，每年在高校毕业生毕业之际，主动组团到高等院校联系引进乡村急需专业人才，特别是全科医生。其次，定期组织乡村医疗人才到县级以上卫生医疗机构学习实训，提高其医学理论水平和实践技能，全面提升为人民群众医治疾病的能力。同时，合理配置乡村医疗资源，通过进行岗前培训和在职培训提高医疗从业人员的职业道德和医疗水平，严格把控医疗从业人员的相关资质，缩小城乡医疗资源差距。再次，地方政府要加大对医疗事业的资金投入力度，为乡村医疗卫生事业转移支付提供更为可靠的保障。提高医护人员的工资待遇，建立健全覆盖面更为广泛的乡村卫生医疗服务系统，改善医疗卫生环境，加强医疗基础设施建设，并切实切力解决村医的养老、医疗保险。最后，建立健全城市医生定期服务乡村机制，帮助乡村加强基层医疗卫生服务体系建设，加强慢性病、地方病综合防控，推进乡村精神卫生、重大传染病防治，增强妇幼健康服务能力，加强乡村医生队伍建设，广泛开展健康教育活动。

三、建立科技人才定期服务乡村制度

科技是第一生产力，乡村农业生产经营需要大量科技人才支持。陕甘宁革命老区各级政府要想方设法引导科技人员入乡创新创业，指导农民进行生产经营活动，支持科技人员通过科技成果入股农业企业形式服务乡村产业发展。在乡村人才振兴战略实施中，各级政府要建立并完善城市科技人才定期服务乡村机制。

一是要发挥高校及科研单位的引领作用。建立健全城市科技人才服务乡村机制，高校及科研单位起到推进指引作用，尤其要发挥当地农业

技术推广中心科技人员的作用，将先进技术传授给农民。倡导科技人员利用周末、假期赴农村开展农业生产经营技术咨询、辅导、培训活动，亦可以相关制度规定科技人员以季度或半年为单位固定驻扎农村，长期服务乡村，并在关键时节加大对农民的指导和培训力度。积极鼓励高校教师及科研人员担任科技特派员，发挥专家学者的指导作用，深入乡镇、企业进行教育教学和指导。同时，基层政府切实做好城市科技人才服务保障工作。政府要改革乡村资源分配方式，建立产学研一体化示范基地、创新创业示范基地，为乡村人才培养创立示范场所，为城市科技人才下乡服务提供完善合理的保障制度。

二是要实施科技人才创业示范工程。在城市科技人才定期服务乡村机制中，积极发挥科技人才的先导作用，建立党员示范基地，发挥突出农户先锋示范作用，结合当地资源优势，引导当地农民发展种养殖特色农业。鼓励城市科技人才以技术入股、投资等方式开展技术指导，政府和科技人才对农民进行政策咨询和技术指导等相关服务，在多方主体的带动下创立科技示范工程。将科技资源以更大的效应覆盖乡村，加快乡村生产方式的调整和改革，加快乡村科技创新驱动。形成城市科技人才向乡村地区汇聚，促进农业成果转化，提升科技人才在技术创新方面的积极性和示范性，激发其创新创业活力。建立科技机构、科技人才与当地基层政府、农民的良性互动，发挥提升乡村生产力的作用。

四、建立文化人才定期服务乡村制度

陕甘宁革命老区有悠久的历史文化、赓续血脉的红色文化和底蕴深厚的农耕文化，各级政府要建立完善城市文化人才定期服务乡村机制，充分利用当地的优秀文化资源熏陶乡村人才，要让接受现代文明教育的城市人才定期到乡村交流传播现代文明，使优良传统与现代文明共同发挥作用，培育乡村人才。

一是要丰富乡村文化建设形式。乡村应借鉴城市文化发展的先进经验，成立文化传媒公司，通过新媒体将城市文化功能建设理念引入乡村，亦可请城市中的文化研究或传播专家学者深入乡村，通过谈话、座谈、宣讲等新形式将其丰富的学识和对现代文化研究的成果传播给乡村，缩小城乡居民文化差异，促进城乡文化协同发展。利用寒暑假举行大学生文化、科技、教育三下乡社会实践活动，开展文化调研、艺术团下乡文艺会演、医疗健康知识宣讲等活动，加强城市与乡村文化交流，扩大乡村文化的内涵建设。

二是要培养乡村文化建设人才。乡村文化建设必然要有一大批人才投入其中，深挖地域文化底蕴，传承红色文化，传播现代文化。各级政府要建立乡村文化人才库，将基层乡镇干部、党校教师、成功企业家、致富带头人、返乡农民工、当地乡贤名流作为当地文化人才建设的主力军，聘请高校教师、文化管理部门人员、特色文化研究者定期或不定期赴乡村开展文化宣传，将法律、政策、公德、职业技能、民俗文化、先进人物事迹等内容编排成戏曲、小品、歌曲、微电影、微视频，定期对政府工作人员和当地群众进行教育培训，扩大农民及干部的知识面，提高文化素养，丰富精神生活。

三是要弘扬乡土文化。陕甘宁革命老区有着深厚的农耕文化，是多民族交互聚集区，各地均有丰富的地域文化积淀，憨厚、淳朴、热情的民风，善良、诚实、求真务实的作风值得发扬光大。结合当地历史人文条件，以各乡镇乡村旧祠堂、古书院、闲置校舍、大会堂、红色历史遗迹、文化活动中心和村级便民服务中心等为教学点，设立课堂，能够更好地重拾乡村记忆，为城市文化人才服务乡村提供更为生动立体的环境。建立地方文化历史博物馆或展览馆，集合本地民俗风土人情，突出地方特色，形成当地独具特色的文化记忆，增强地方凝聚力和自豪感。

第四节　健全人才向艰苦地区和基层一线流动的激励机制

人才是促进乡村振兴的关键资源，陕甘宁革命老区各级政府要制定相关人才赴农村服务的制度，完善人才赴艰苦边远山区和基层一线的激励机制，引导人才有序服务乡村建设。

一、建立优质教育资源向农村流动的长效机制

乡村人才振兴需要解决城市和农村地区之间教育资源不均衡、不充分问题，要积极思考探索解决优质教育资源难以流向农村一线的问题，有效促进优质教育资源向农村地区正向流动，实现农村地区教育资源水平整体提升。一方面，为转变乡村教育师资不足困境，政府要支持师范类各专业广大毕业生积极投身乡村学校任职授课。在陕甘宁各地乡村教育现状调研时发现，在免费师范生培养制度下培养出来的优秀教师，根据人才培养使用服务合同能回到农村服务 3~6 年，这些老师有较高概率会一直从事乡村教育事业。要坚持免费师范生培养制度，为乡村师资力量以"输血"招聘各种形式的师范毕业生，有效改善农村教师队伍学历结构和能力素质结构，提升乡村教师队伍整体素质，提高农村地区优质教师比例。陕甘宁革命老区各级政府要制定科学合理的教育人才使用政策，各类福利政策要向农村地区的教师倾斜，设置岗位津贴，要优先考虑农村教师的福利待遇、评定职称、培训深造等问题，特别是在教师的职称评定中，引导、支持优秀教师向相对薄弱学校和农村的"正向流动"，在职称晋升中将教师的支教经历作为重要指标。为留得下优质教师，让农村地区的教师能够安居且安心地从事教育工作，从根本上要使教师人才在农村工作"下得去、教得好、留得住"，实现乡村教师

队伍均衡发展。① 另一方面，要建立城乡教师交流互动开发机制。建立教学教研联动、城市和农村之间教师交流互派机制，开发农村教师资源，提升农村教育人力资本发展，强化农村人力资本积累。要打破城市与乡村之间的界限，根据农村地区现在的教育资源，打造联合办学、城市与农村之间教师交流互派等平台，实现优势互补，淡化城乡概念，通过城乡教师结对帮扶、互派交流、开展中小学教学论坛、举办公开教学示范课等举措，快速提升农村学校的师资水平。多种途径促进教育资源在城市与农村之间均衡分布，合理流动。政府教育主管部门要统一协调安排，实行"统一安排课程、教研、教学管理和评价考核"等手段实施城市与农村的教学教研联动机制，进行教学经验和方式方法交流，转变教育观念，提升农村地区教师的专业水平，实现城市与农村之间教育的协同发展。

二、拓宽乡村适用人才引进渠道

陕甘宁革命老区各级政府要充分考虑乡村人才引进遇到的实际困难，立足当地人才工作生活环境，不断拓宽人才引进渠道，丰富乡村振兴人才队伍建设方式。各级政府首先要搭建好人才引进平台，收集整合各地乡村振兴所需各类人才数量及类别等情况，明确各岗位人才需求状况，利用人才引进平台精准施策，推动人才引进有序发展。政府要在人才引进平台发布人才需求情况，发布人才工作环境待遇等制度政策，发布人才引进公告，在当地和外部具有影响力的现代传媒载体上广泛宣传人才引进平台，吸引外部人才到陕甘宁革命老区工作，让人才通过新媒体获取招聘信息，及时与用人单位取得联系，了解工作要求和待遇，明

---

① 管璐瑶. 人力资本开发视域下乡村人才振兴研究［D］. 石家庄：河北师范大学，2021.

晰地方引进人才政策，发挥人才引进平台作用，从而实现精准引才。

三、建立科技及医疗人才服务艰苦农村机制

陕甘宁革命老区的基础产业是农业，农业生产经营需要现代科学技术支撑和大量农业科技人才支持，而相对落后的地域条件，导致农村医疗资源匮乏，农民"治病难"。针对该地区科技及医疗人才缺乏的实际，政府应该建立农业科技人才和医疗服务人才赴农村艰苦偏远工作的有效机制，制定科技医疗人才到农村工作的相应政策制度，明确人才到乡村工作的年限、补贴政策、待遇提升制度、职称晋升制度、职务晋级制度、家属安置制度、孩子求学帮扶制度等系列制度，解决人才到乡村工作的顾虑，规范人才管理，引导人才在革命老区扎根，服务乡村振兴，推动乡村人才建设。地方政府既要对有意愿赴农村工作的科技人员和医疗服务人员进行选拔，选出适合解决乡村发展问题需要的人才，又要对选拔出的人才进行必要的制度管理规范，执行政策，落实具体事宜，为农村工作的科技人员和医疗服务人员提供必要的保障，保持政策一致性和相对稳定性，有效保护农村科技工作者和医疗服务者的切身利益，让其能够安心在农村工作，积极探索解决乡村发展的专业化问题，进而推动陕甘宁革命老区乡村振兴。政府要重点鼓励在生产经营、产业进步、经济发展、技术推广、带头致富、社会服务等方面发挥突出作用、表现优异的人才到农村施展才华，推进乡村人才振兴。政府的激励政策和制度要有连贯性、延续性，激励措施必须经过一系列过程才能达到预期效果，激发科技人才和医务人才到农村实现人生理想的愿望和服务群众的热情，持续强化其思想，让其牢固树立扎根农村开展乡村振兴的思想，提升服务群众的意识。

四、建立外流人才返乡创业机制

由于体制机制的问题，近些年，陕甘宁革命老区人才流失严重，尤其是农村外出打工创业的人才流失更加严重，造成空心村现象。本地外流人才原本是土生土长的乡村人，熟悉乡村建设中的问题，对当地的文化生活和人文地理环境非常了解，能够很快融入工作群体，很好地开展服务乡村振兴事业。因此，各级政府部门要建立本地外流人才返乡创业机制，为当地经济社会发展提供人才支撑。在接纳本地外流返乡人才时，应该与外部引进人才在待遇、福利、安家补助、职务职称晋升等方面同样对待，加强对返乡入乡人才住房、子女教育等方面的保障，形成乡村集聚人才的强大引力，让人才有"回家"的温暖，感受到家乡对人才的重视，让更多懂农业、爱农村、爱农民的人才进入乡村、服务乡村、留在乡村，激励他们返乡为乡村建设发挥智力支持作用。

第五节　建立市域县域专业人才统筹使用制度

2021年2月，中共中央办公厅、国务院办公厅印发《关于加快推进乡村人才振兴的意见》指出，积极开展统筹使用基层各类编制资源试点，探索赋予乡镇更加灵活的用人自主权，鼓励从上往下跨层级调剂行政事业编制，推动资源服务管理向基层倾斜。推进义务教育阶段教师"县管校聘"，推广城乡学校共同体、乡村中心校模式。加强县域卫生人才一体化配备和管理，在区域卫生编制总量内统一配备各类卫生人才，强化多劳多得、优绩优酬，鼓励实行"县聘乡用"和"乡聘村用"。① 目前按照国家公职人员管理制度，市域县域内的人才归属各级单位和部门管理，受到编制约束，只能为本单位服务，不能跨部门、跨区域开展工作的现实限制了人才作用的发挥，在一定程度上造成了人才资源的闲置和浪费。陕甘宁革命老区的各级政府要建立人才统筹使用制度，盘活本行政区域内人才资源，建立人才使用灵动机制，充分发挥人才在各个领域的专业化作用，助力乡村振兴。

一、实行人员编制与人才使用统筹协调制度

各级政府要建立专业技术人才库，将本行政辖区内的各类专业技术人员分类统计，按照毕业院校、所学专业、从事专业、专业技术特长、研究成果等标准对系统内技术人员详细分类，掌握他们的基本情况，形成本区域人才资源库。依据乡村建设规划和农业生产经营活动需要，在不改变人事归属权的前提下，灵活调配专业技术人员参与乡村建设。对于各级政府拥有人事管理权力的医护人员、农业科技研发推广人员、教育教学人员、文化研究开发人员、农业经营管理人员等具有专业技术职称的人才，在原有单位人才使用基础上，根据乡村建设对某方面人才在某个时段的需要，可以让专业技术人员在不脱离单位人事关系的基础上到乡村基层开展技术指导、咨询服务工作，帮助农民开展农业生产经营活动。亦可根据某些专门的项目建设需要，在市域、县域范围内，打破部门限制和行政区域限制，将专业技术人员调任到乡村，从事农业技术开发、企业经营管理指导、文化项目建设、技术员培训等工作，形成良好的人才资源利用机制。

二、建立人才机动任用制度

各级政府对于在本行政区域内的专业技术人员、返乡创业人员、经

---

① 中办国办印发意见　加快推进乡村人才振兴［N］. 人民日报，2021-02-24（1）.

营管理人员、企业创办人员进行灵活调配，引导他们在周末或者节假日赴乡村开展农民专业技术培训、农业科技咨询服务、企业员工技能培训、项目建设座谈调研等活动，为乡村建设出谋划策，帮助农民提高种植养殖技术，发挥专业技术人员服务乡村建设的作用。针对某些国家建设项目和地方重大项目，可以将某些专业技术人员的人事关系调动，实行归口管理，给予专业技术人才必要的工作补贴，提高他们的福利待遇，安置好他们在基层乡村的生活，使其安心服务乡村振兴，推动市域、县域各地乡村全面发展。

第六节　建立健全乡村人才分级分类评价体系

乡村人才既注重自身的物质待遇，更注重自己的社会地位和影响力，服务乡村的人才非常重视自己在乡村振兴中做出贡献之后组织对其成绩的认可。陕甘宁革命老区是优良传统的发祥地之一，具有浓厚的儒家思想和淳朴的民风，农村深受传统文化的影响，对于人才格外重视与尊重。地方政府要建立乡村人才分级分类评价制度体系，科学合理、客观公正地对乡村人才业绩做出评价，以此激励人才更好服务乡村建设。

一、完善乡村高技能人才职业技能等级制度

各地乡村振兴局、农业农村局、人力资源和社会保障局应会同相关专业技术人员技能等级认定部门，积极组织农民参加职业技能鉴定、职业技能等级认定、职业技能竞赛等多种技能评价。组织开展"丰收杯"农业技能竞赛、乡村创新创业大赛，积极鼓励农民申报乡村振兴建设项目，对于在技能竞赛、创新创业竞赛中获得一定成绩的农民直接认定为具备某种技能等级的专业技术资格。对于在乡村建设中完成某些具有一

定价值的农民项目负责人和定额内的项目完成人，按照有关规定对有突出贡献人才破格评定相应技能等级。将农民技能培训、鉴定、认定、资格证书使用等环节有机联系起来，让职业技能等级认定结果给资格享有人带来一定的物质利益和精神满足。对于获得职业技能等级资格的乡村人才，政府要给予必要的物质奖励和精神奖励，每年给予一定数量的资金补贴，调动其从事技术更新研究、传播专业技术知识的积极性。

二、改革乡村人才的职务职称晋升制度

对于在农村服务期限届满、在乡村振兴中做出贡献的人才，在他们职务晋级、职称评审中要给予必要的政策倾斜，各地要结合本地区人才结构和质量情况，制定符合当地实际情况的乡村人才职务晋升、职称评定政策。完善农业农村领域高级职称评审申报条件，探索推行技术标准、专题报告、发展规划、技术方案、试验报告等视同发表论文的评审方式，在同等条件下，适当降低服务乡村建设人才的职称晋升条件。对乡村发展急需紧缺人才，可以设置特设岗位，不受常设岗位总量、职称最高等级和结构比例限制。对于在乡村振兴中赴农村工作时间届满考核优秀的干部，要突破职务晋升某些条件的限制，优先提拔任用，以此引导更多的教育工作者、科技工作者、医务工作者到乡村一线工作，培训乡村人才、解决乡村发展中的技术问题，充分发挥地方人才助力乡村振兴。

三、建立先进激励机制

各级政府每年要对在乡村振兴中做出贡献的优秀人才进行表彰奖励，树立先进典型，为乡村人才做出榜样。先进典型可以通过各级优秀人才评选、县级以上创新创业比赛、县市级职业技能大赛等途径，每年选出一批乡村人才先进典型，按照规定给予表彰和政策扶持，引导乡村人才增强力争上游、务农光荣的思想观念。各级政府可以通过政府网

站、地方电视台、地方报刊、当地具有影响力的新媒体、乡村集会等平台宣传乡村振兴优秀人才先进事迹，扩大人才在县域的影响力，倡导其他乡村人才向他们学习，提升乡村人才积极向上的精气神，以此鼓舞人才到基层乡村服务。

第七节　建立健全乡村人才服务保障机制

乡村人才建设中存在的引进难、使用难、留住难等问题，破解难题的关键还是要建立相应的乡村人才保障机制，解除人才后顾之忧，让人才舒心工作、安心服务乡村振兴。

一、建立并完善人才后勤保障机制

乡村振兴人才队伍的建设，离不开后勤服务的保障。陕甘宁革命老区各地各级政府制定明确人才在创新创业、安家落户、子女教育、医疗养老等方面政策，建立健全人才后勤保障体系，做好乡村建设中人才后勤保障工作。在国家政策法律允许的范围内，地方政府要对人才工资待遇、社会保险、医疗保险、年金、失业保险、养老保险等方面进行优化，增加国家财政交付的比例，适当降低个人缴纳的比例，提高乡村建设人才的福利待遇，建设乡村人才工作基地，建造人才公寓，创造良好的人才工作环境，适当增加人才在服务乡村振兴过程中的有益娱乐活动，让人才安心在农村工作，更好发挥其在乡村振兴战略实施中的作用，为持续推进农业农村现代化建设做贡献。

二、完善物质环境设施保障

陕甘宁革命老区各地市级、县级政府要进行联合行动，统筹规划区域内的各项基础设施建设，为引进人才、留住人才、使用好人才做好基础保障。各地要加大教育投入，改善教育软硬件设施，为各类乡村振兴人才及其子女提供高质教育，才能留住人才，减少人才流失。要加大交通设施建设，尤其是要加快高速公路、铁路建设步伐，尽快形成快速便捷的交通网络，为人才工作生活提供便捷交通。加快信息化建设步伐，联合中国电信股份有限公司、中国移动通信集团、中国联通三大通信运营商，建设互联网信息通道、城乡一体化物流配送体系，推动信息网络在偏远乡村的建设，加快推进农村 5G 网络的全覆盖和扩容提速，从而为农村人才发展提供保障。方便人才获取信息、发布信息和信息传输、商品营销的需要。政府应加大对医疗软件、硬件设施的建设力度，改善乡村医疗条件，满足人才就医需要。完善人才生活硬件和软件设施的建设，持续改善人民居住环境，以此进一步吸引人才。

三、建立人才能力提升保障机制

人才需要学历提升和知识更新，各级政府要根据实际情况建立人才能力提升保障机制，以制度规范的形式给予人才外出学习交流、参观访学、参加学术会议、参加能力提升培训等方面的政策支持和经费支持，让人才在工作的同时提升服务乡村建设的能力。政府要建立和完善人才交流沟通机制，选派部分乡村振兴中评选出的优秀人才到东部沿海发达地区挂职锻炼学习，学习发达地区的先进成功经验，增强人才的能力素养，为今后更好服务乡村振兴提供保障。各级政府应定期组织人才之间进行交流学习，开展座谈会、学术研讨会、科技沙龙等活动，为在不同地区农村工作的人才提供交流互通机会，促使知识技能等资源共享，促进人才整体综合素质的提升，在为人才实现自我发展需求服务的同时，也为实施乡村振兴战略提供更加有力的人才支撑。

第六章

陕甘宁革命老区乡村人才振兴路径选择

乡村振兴是国之大计，是全面推进社会主义现代化国家建设的重中之重，是中国全民族现代化的关键所在。中国式现代化能否实现，中华民族伟大复兴的中国梦能否实现，其难点和困点就在于农业是否实现现代化，农村是否实现现代化。而要摆脱这一困境，关键是建设现代化的农村，重点是人的现代化，是培育现代化的农民。全面提升人口素质，开发人力资源，培育高素质农民，引进培养壮大乡村人才队伍，增加农村人才存量，推进乡村人力资源资本化，建设一支乡村振兴高素质人才队伍，以人才建设推进乡村振兴。

陕甘宁革命老区为我国革命事业胜利做出了巨大贡献，是红色革命精神发源地之一，但因诸多原因，经济社会各项事业在全国处于落后水平，人才资源不足的现实限制了该地区高质量发展。陕甘宁革命老区要实现乡村振兴，必须先实现人才振兴，突破人才限制之困。推进陕甘宁革命老区乡村人才振兴，需要宏观设计，微观推进，建立乡村人才振兴长效机制。既要立足本土深入调查分析乡村人才现状和面临的主要问题，摸清人才底细，探究原因，也要积极探索适合本地人才建设的方式、模式和路径；既要总结本地区乡村人才建设的历史经验，也要借鉴国内外乡村人才建设的成功经验；既要从理论上探寻人才建设的科学逻辑，也要从实践上尝试乡村人才建设实现的有效途径；既要进行人才建设体制机制改革，也要创新人才建设新思路方法；既要借助外部资源促进乡村人才振兴，也要激发乡村人才自我发展的内生动力；既要掐住

"引"字诀，也要念好"培"字经，引培并举，多渠道多方式多措施全方位协同推进乡村人才振兴。

第一节　构建乡村人才振兴新体系

乡村人才振兴是一项伟大的系统工程，陕甘宁革命老区一定要掐住"引"字诀，多管齐下引进适合乡村发展需要的人才，壮大人才队伍。要全面实施乡村人才振兴，必须建立和完善乡村人才振兴的组织体系、制度体系、政策体系、管理体系、保障体系，管好人才、用好人才、为人才工作生活提供良好的环境，激发人才在乡村振兴中作用发挥，构建乡村人才振兴新的体系，开创乡村人才建设工作新局面。[①]

一、构建乡村人才振兴组织体系

乡村人才队伍是一个庞大而且结构复杂的队伍，乡村人才队伍建设也不是某个组织或者单位的建设工作，乡村人才涉及面广、人才类型多、工作基础差、工作难度大，是一个复杂的系统工程。乡村人才建设所涉及的人员、单位、行业、资金、时间、流程、内容等既多且杂，需要各部门相互协调配合，必须完善组织管理体系，统筹规划协调落实乡村人才振兴工作，建立有序的乡村人才建设组织体系。2021年2月，中共中央办公厅、国务院办公厅印发了《关于加快推进乡村人才振兴的意见》明确提出，坚持和加强党对乡村人才工作的全面领导，在顶层设计中明确了乡村人才振兴的主体责任人是各级党组织。陕甘宁革命

---

① 王富忠.乡村振兴战略视域下乡村人才机制建设研究［J］.农业经济，2020（8）：48-50.

老区市县乡村各级党委要切实负责落实乡村人才建设目标，建立系统完善的乡村人才建设组织体系。

一是加强各级党委对乡村人才建设工作的领导。实施乡村人才振兴一把手工程，由各级党委书记担任乡村人才振兴工作领导小组组长，明确各级党委书记是乡村人才建设第一责任人，负责全面推进乡村人才建设。① 在各级党委的领导下，各级政府也要配置相应的乡村人才振兴部门，负责落实乡村人才振兴的各项工作，形成党政联合共同推进乡村人才振兴。各级党委要将乡村人才振兴作为实施乡村振兴战略的重要任务，建立党委统一领导、组织部门指导、党委农村工作部门统筹协调、相关部门分工负责的乡村人才振兴工作联席会议制度。把乡村人才振兴纳入人才工作目标责任制考核和乡村振兴实绩考核。加强农村工作干部队伍的培养、配备、管理、使用，将干部培养向乡村振兴一线倾斜，选优配强涉农部门领导班子和市县分管乡村振兴的领导干部，注重提拔使用政治过硬、实绩突出的农村工作干部。②

二是要分级建立乡村人才管理组织。陕甘宁革命老区的各级党委和政府，要统筹协调乡村人才振兴工作，在省、市、县、乡、村党委设立专门负责乡村人才振兴的办公室，分层分级负责行政辖区内乡村人才建设的各项工作。乡村人才振兴办公室负责制订乡村人才建设规划，明确目标任务和主要责任，详细规定政府各部门在乡村人才振兴中的主要工作任务和责任；制定本区域内乡村人才引进政策制度、乡村人才选拔任用制度、乡村人才使用管理制度、乡村人才评价及评价结果运用制度；负责发布任务，检查乡村人才建设工作，考核乡村人才建设实绩，处理乡村人才建设中出现的不良现象，表彰奖励乡村人

---

① 吴洪涛. 乡村振兴战略下乡村实现人才振兴的重要意义与现实路径 [J]. 山西农经，2022（22）：38-40，47.

② 关于加快推进乡村人才振兴的实施意见 [N]. 陕西日报，2022-01-13（8）.

才建设先进单位和个人，宣传当地人才引进政策，全面负责乡村人才振兴的各项工作。各级党委要明确各级人才工作领导小组的工作纪律，定期或不定期召开会议研究和落实乡村人才队伍发展规划、管理、统筹等重大事项，解决乡村人才队伍建设中的具体问题，发挥党组织的管理指导作用。建议各级党委选派综合素质高、培养潜力大、政策业务熟的优秀干部负责乡村人才服务管理工作。各县人才办配备5名以上专职干部、各乡镇人才办配备2名以上专职乡村人才工作人员，各乡村人才工作领导小组重点成员单位配备1名以上专职乡村人才工作人员，保证人才引进时工作有人负责，职责明确化。充分利用乡村人才人力资源公司、乡村振兴引才引智工作站和乡村人才协会等社会组织，形成组织部门牵头统揽、多部门协调负责、社会各方协同推进的乡村人才工作格局。[①]

二、构建完善的乡村人才振兴制度体系

各级党委和政府要牢固树立"制度管人"的思想，做好乡村人才振兴工作，必须制度先行。要制定一系列乡村人才振兴的管理制度，形成一整套完善的管理制度体系，做到有章可循，人才引进才能"照章"办事，才能使乡村人才振兴工作有序推进，保障乡村人才建设工作取得实效。

一是要建立乡村人才引进制度。乡村人才引进在乡村人才振兴中起到"输血"功能，制定和实施乡村人才引进政策是有效落实乡村人才引进工作的首要环节，乡村人才引进政策应明确规定"输血"的规格要求，"输血"之后的血液流动管理，血液利用之后废弃物排放等各环

---

① 王富忠. 乡村振兴战略视域下乡村人才机制建设研究［J］. 农业经济，2020（8）：48-50.

节的具体要求，保障乡村引进人才质量符合标准，人才任用发挥作用。陕甘宁革命老区各级党委和政府应根据党和国家对于不同地区下达的乡村人才引进政策，结合本地实际情况，出台一套系统完善、可操作性强、合理合规的乡村人才引进政策，来吸引更多的乡村人才积极参与乡村振兴，提升乡村人才的技能水平，造就一支能力高、素质高的乡村人才队伍。① 乡村人才引进制度中应明确规定引进人才的种类、规格、数量、学历、专业等人才自身素质要求，也要规定清楚引进人才的岗位工作性质及要求、安家补助费、生活补助费、工资待遇、晋升晋级规则、子女家属安置、工作任务要求、服务期限等关乎人才自身利益的政策。对于返乡创业人才和特殊岗位需求人才应制定特别政策，在创业贷款、免税政策、提供创业机会和条件等方面给予必要的优惠。对于在职兼职人才引进也要有具体的目标任务、考核办法、奖励机制，让有志于乡村建设的人才根据人才引进政策对照自己的心理预期做出合理的选择。对于驻村干部、大学生"村官"、支医技术人才、特岗教师等赴边远山区支教、支农、支医等人才，应适当提供艰苦边远地区津贴，提高其工作待遇和生活质量。制定本地人才流动的相关政策，对于志愿到落后农村服务的本地人才也应在福利待遇、晋升晋级机会等方面给予优惠政策，引导本地人才为乡村建设服务。各级政府要以明晰的制度吸引人才到乡村工作。制定人才引进专项资金配套制度，为人才引进和留住人才提供资金使用政策，便于人才引进工程中各种费用的合理开支，为人才引进提供资金使用便利性。各地政府要以一整套科学合理的制度为乡村人才引进提供政策保障。

二是要建立乡村人才培养制度。乡村人才不仅有外来的属性，更重

---

① 吴佩芬. 十九大以来我国乡村振兴战略研究综述 [J]. 农业经济，2021（1）：38-40.

要的是具有本土属性，土生土长的人才更能适应乡村振兴的需要，发挥熟悉本区域环境的优势。乡村人才振兴不仅要引进高素质人才，更重要的是要加大本土人才的培养，将人才引进与人才培养有机融合，全面推进乡村人才振兴。各级党委和政府要根据国家相关政策制度，结合本地区的实际情况，科学界定乡村人才标准，建立《乡村人才认定制度》《乡村人才选拔制度》《乡村人才晋级晋升制度》《乡村人才使用管理办法》《乡村人才培训进修制度》《乡村人才振兴组织管理制度》《乡村人才引进制度》《乡村人才请休假制度》《乡村人才薪酬及福利待遇确定管理办法》《乡村人才年度评价考核制度》《乡村人才建设资金筹集与使用管理办法》等一系列管理制度，形成科学合理、公平公正的制度体系，用以指导乡村人才建设。制度体系应明确规定乡村人才建设培养中人才标准、选拔程序及标准、使用方式、不同区域不同类型人才工资标准及津补贴等福利待遇、工作目标及考核标准、奖励及惩罚措施、考核结果在人才个人发展方面的应用、人才进修条件及费用支出、人才流动及关系转接等问题。明晰的制度体系可以让人才管理部门依据制度管理人才、管好人才、用好人才，发挥人才对乡村振兴的作用。科学的制度体系也可以让乡村人才充分认识政府对其重视程度，熟悉理解各地方政府乡村人才建设和管理的相关制度，积极参加培训，主动寻求学习的机会，不断提高自身服务乡村建设的能力素质，按照制度规定更好地做好乡村振兴工作。

三是要建立乡村人才管理制度。首先，要建立人才基本情况管理制度，运用现代化信息技术手段，建立可以广泛查询应用的乡村人才动态数据库。明确各级党委和政府在人才库建设中的主体责任，摸清楚辖区内各类人才的现有情况和实际需求情况，建立乡村人才档案，分类统计各类人才。对乡村人才进行分类动态管理，对流入和流出的人才进行详细登记，对乡村人才的数据进行定期更新，保证数据的时效性和真实性。其次，要建立各级政府乡村人才建设目标责任制和考核制，上级党委政府要给下级党委政府下达乡村人才建设目标任务，包括人才引进类型、数量、质量、岗位设置、人才管理措施、人才使用效率、本地乡村人才资源开发及培训进修等内容，督促检查下级党委政府将乡村人才工作纳入本部门中心工作之中，落实上级政府对乡镇党委政府、组织、纪检、人社、政法、财政、教育、卫生、科技、畜牧、林业、村级党组织等在乡村人力资源开发和乡村人才队伍建设中的责任，每年年初签订目标责任书，年终进行乡村人才建设工作专项考核。各级党委要把乡村人才队伍建设工作成效列为下级党政领导班子政绩考核的重要内容，并将考核结果作为评优奖先、职务晋级的重要依据，实行奖勤罚懒，奖优惩劣。① 最后，要建立乡村人才协同管理制度，明晰用人单位、人才关系所在单位、人才资源主管单位、社会人才中介组织等在乡村人才建设中的相关单位各自的任务和责任，建立协调沟通机制，从各方面加强对乡村人才工作态度、工作实绩、出勤情况进行管理，防止人才"见名不见人"空挂、出工不出率、专业不对口等管理中混乱现象发生，确保人才能身处农村，真正参与乡村振兴的人才开发和项目建设，发挥人才在乡村建设中作用，促进人才为地方乡村建设做出应有贡献。

三、建立完善乡村人才振兴保障体系

乡村振兴中能不能引进人才，能不能使用好人才，能不能有效开发本土人才，在一定程度上取决于乡村能否为人才开展工作提供良好的环境和保障。只有服务好人才工作生活，解决人才的后顾之忧，才能使其

---

①　王金友.扬州市浦头镇乡村人才振兴实施中的问题和对策研究［D］.扬州：扬州大学，2020.

安心舒心地服务乡村振兴。

一是强化乡村公共基础设施保障体系。陕甘宁革命老区地方政府要引进人才、留住人才、用好人才，必须为乡村人才工作生活创造良好的环境，满足其正常工作及生活的需要。对于引进的乡村人才，尤其是具备一定技能、掌握一定资源的高科技人才，要尤其注重生活照顾，避免该类人才因生活条件难以适应而流失。首先，要加强乡村基础设施建设投资，实施乡村道路建设工程、乡村互联网信息基站建设工程、乡村人才公寓建设工程、乡村基础教育设施设备建设工程、乡村娱乐设施建设工程、乡村职业技术教育设施建设工程等项目。通过工程项目建设，做到县域内各乡镇、各村道路畅通，互联网信息畅通，乡村人才公寓设施设备齐全，为乡村人才提供基本的工作条件保障和基本生活保障。通过乡村公共基础设施建设，既可以改变乡村落后的面貌，亦可提升服务乡村人才建设的水平，筑巢引凤，吸引外部人才和外流人才返乡服务乡村振兴。其次，要加强城乡基础设施配套建设，可以尝试建立"一站式"的乡村人才服务平台，"一条龙"解决乡村人才尤其外来人才生活中的现实问题，彻底解决其后顾之忧。最后，各地要建立人力资源服务产业园，建设专家人才公寓、人才餐厅，努力打造人才服务综合体，让其在乡村同样可以享受在一线城市能够享受到的基础服务。培育发展企业发展联合会、民企人才服务中心等专业社会中介服务机构，依托大数据加快人才资源共享平台建设，提高乡村人才服务信息化、专业化、市场化水平。

二是完善乡村人才政策保障。乡村人才也具有普通人的基本属性，他们有对自己生活的基本要求，对未来生活的憧憬和理想追求，乡村要能引进人才、留住人才、用好人才，必须要在乡村人才建设中出台一系列满足人才引进、人才使用的政策，以优惠的政策吸引人才到乡村工作，以良好的政策激发人才参与乡村振兴的积极性。陕甘宁革命老区各级党委政府应结合党中央下达的一系列人才政策文件，制定人才引进、人才管理、人才服务等政策，创造重视乡村人才的政策环境，满足乡村人才工作生活的需求。各地党委和政府应建立健全当地乡村人才振兴的资金、土地、信息、技术、税收等方面的扶持政策，提升乡村人才知识、技能、素质、研发等方面的教育政策，健全乡村人才基本养老保险、医疗保险及大病统筹等社会福利政策，健全最低工作费用保障，解除乡村人才的后顾之忧。上级党委要将乡村人才建设的权力层层下放，用活用好现有政策，精准对接乡村振兴中当地乡村人才缺口。各县可以制定自己的引才政策，解决好乡村人才的住房、医疗、子女上学、就业、养老等日常生活的根本需求，激发人才在乡村干事创业的积极性，促使人才自愿选择继续留在农村工作，追求创造出更大的价值。各地建立县级和乡镇两级的乡村人才咨询服务窗口，及时为乡村人才提供相关政策信息查询，进行政策讲解、项目申报等各项业务，及时为乡村人才排忧解难，要让乡村人才对乡村的疑惑能够得到高效率的解决，减少乡村人才来回奔波的劳累，提高工作效率。各级党委要制订本区域内的乡村人才发展计划，对于在本地工作的大学生"村官"、驻村干部、支农支医支教的人才后续发展做出明确的政策规定，让他们能够看到未来发展的方向，做好自己人生发展规划，更好为乡村振兴服务。

三是建立完善乡村人才经费保障。各地党委和政府应该设立乡村人才建设专项资金，从上级财政拨款中划拨部分资金、当地财政收入中按比例提留部分资金、接纳社会各界捐赠的资金、鼓励企业人才投资等方式筹集乡村人才建设专项资金，明确资金来源和使用办法。乡村人才建设专项资金用于解决乡村人才住房难题，完善医疗、子女入学等方面的配套政策。要继续加强乡村人才的就业培养，增加乡村人才的收入。要为乡村人才提供就业生活津贴、补助费及特殊生活福利，严格执行国家人才薪酬政策规定，特别要注意的是制定大学毕业生的工资待遇保障政策。对于在边远农村贫困地区从事优质扶贫教育、医疗服务等工作的大学生，应出台政治鼓励政策，允许工作优秀的人才提前转正，并且其工资应基于该服务地区类别不同而适当提高。乡村各单位和主要部门要进一步加强同乡村人才在其日常生活中的交流沟通和互动，及时认识乡村人才所面临的困难并主动提供帮助，为在乡村贫困地区工作的乡村人才提供强大的支持力量。通过人才政策保障，优化乡村人才服务环境，为人才解忧纾困，对乡村人才要做到有需必应，确保乡村人才工作安心、生活顺心、干事有力。

第二节 加快乡村人才培养

乡村人才振兴是一项长期的系统工程，不仅要引进乡村建设的急需人才，留住适合乡村建设的有用人才，关键在于源源不断地培养人才，念好"培"字经，培养懂技术、善经营、会管理、懂市场的各类乡村人才，为乡村振兴注入人才活力，满足乡村各项事业发展对人才的需要，形成持续更新的健康人才队伍。

一、加快农业生产经营人才培养

陕甘宁革命老区的乡村主导产业是农业，要在这一区域实现乡村振兴，必将建设现代化的农业生产经营体系，促进农业农村现代化发展，这就需要大批懂农业生产经营的人才。各级党委和政府应特别重视农业生产经营人才培养，满足当地主导产业发展对人才的需要。基于陕甘宁革命老区农村人力资源实际，开发农村人力资源，培养农村现有人才，建立一支现代化高素质职业农民人才队伍是推进该地区乡村振兴的重要举措。

一是要对乡村人才进行分级分类培养。根据乡村人口数据库提供的现有人力资源状况，对拟培养的乡村人才按照接受新知识的能力进行分类，可以将乡村待培训人才分为可接受高级技术培训者、返乡人员、普通农业生产经营者三类。可接受高级技术培训者是具有高中及以上文化程度的农村人，这类人具有一定的文化基础，在当代中学及以上学校教育中接受了现代文明洗礼，对于新事物具有敏感性，学习新知识、接受新事物的能力较强。对他们进行高科技培训、产品营销培训、企业管理培训、国家政策培训，教会其查询现代市场信息，进行市场前景分析，进行农业生产经营项目申报论证等，将他们作为乡村建设的主力军来推动乡村振兴。对于返乡创业人员的培养，针对他们外出打工创业积累的知识水平、工作经验、生活经历等方面的因素制订合理方案，除进行一般技术培训外，重点考虑其自身优势，借助他们在外打工的工作经历和自己擅长的领域，对其进行专门领域的培养，培养成为某一技术领域的专业能手，让其充分发挥自身才能，在乡村这片土地上实现自身价值。针对年龄偏大、文化基础薄弱、长期从事农业生产活动的农民，因其具有丰富农业生产经验和扎实的实践技能，对其进行农业生产方式更新、新技术应用、生产实践技能等方面培训，提高其直接参与农业生产活动的能力。乡村人才生产经营能力培养要长期坚持，随着农业科技发展、新技术更新，培训工作应及时跟进，确保陕甘宁革命老区的农民经过培养变成适应现代农业生产经营活动的新型职业农民。

二是要对农业生产经营人才进行专项培训。根据农户生产经营项目的实际，各级政府要对乡村人才进行专项培训，提高其从事专业技术活动的能力。针对种植业领域的人才，要进行种植技术培训，要给予农业生产基本原理、基本技术、新技术应用等培训，包括在陕甘宁革命老区特色农业领域的特色小杂粮种植、苹果生产技术、大枣种植技术、黑木耳种植、白瓜子种植、中药材种植、花卉种植、气象灾害预防技术、设施农业种植等专项技术培训，让其在某一种植领域成为"土专家"，作为地方技术人才带领村民发家致富。针对养殖领域人才要进行养殖技术培训，要给予农家饲养动物基本生长理论、家畜家禽生活习性、牲畜肉品加工、养殖实践技能培训，包括黑山羊养殖、红牛养殖、肉鸡养殖、生猪养殖等技术培训，培养农村养殖能手，改变农村传统牲畜养殖的弊端，充分利用现代技术手段提高家畜家禽养殖附加值。针对农村民俗产品生产者进行手工技术培训，要给予皮影挂件制作、剪纸艺术、陇绣艺术、香包刺绣、油茶生产、特色食品生产技术等培训，培养一批独具地域特色的民俗文化产品生产技术人才，采用师徒授业的方式培养民俗产品专业技术人才，评选民俗文化传承人，树立典型，以特色民俗产品人才助推乡村振兴。

三是要做好乡村人才思想政治培训。心有多大，天地就有多大，人才的思想决定了其发展空间和最终取得的成果。要让人才在革命老区安心工作，除了提供良好的工作环境和优厚的报酬待遇之外，还需要提升人才的思想境界，培养他们根植于革命老区乡村建设的情怀。首先，要对人才进行政治理论培训，提升人才的政治素质和党性修养。各级党委要将习近平新时代中国特色社会主义思想融入乡村人才培养各个环节，让人才充分认识到党和国家对人才的重视，认识到国家在乡村建设中对人才的基本要求，从思想上解决人才"急功近利"、过于现实的错误思想，培养他们对党和国家、对社会、对组织的感恩之心，让人才坚定理想信念，树立正确的政绩观、荣辱观，在感恩党的培养中为革命老区贡献智慧和力量，发挥其在乡村振兴中的作用。其次，要培养人才学农、爱农、奉献农村的精神，改变其对待农业农村的态度。教育引导乡村人才热爱农业，深入研究农业生产经营活动，与农村人处理好关系，融入农村大家庭，以从事农业为荣，以扎根农村工作为耀，以做新时代乡村人才为骄，以助力乡村振兴为乐，为人才在乡村干事创业夯实思想基础。

二、加快农村二、三产业发展人才培养

陕甘宁革命老区农村二、三产业相较于发达地区起步较晚，还处于初级阶段，发展水平低，需要大量的人才支撑。各级党委和政府要根据本地乡村二、三产业发展的实际需要，以产业项目带动的方式培养人才，促进乡村二、三产业快速健康发展。

一是加快培育农村创新创业人才。国家"大众创业，万众创新"政策出台以后，在全国掀起了创新创业热潮，创新创业教育在高校风起云涌，大学生创新创业素质教育进入新阶段。十八大提出国家实施创新驱动发展战略，科技自主创新成为时代的主题。2021 年中国创新成果位居世界第二，进一步缩小了与美国的差距。毛泽东同志曾经讲"农村是个广阔的天地，在这里大有作为"，农村创新创业活动呈现出蒸蒸日上的态势。陕甘宁革命老区各级党委和政府要大力培育农村创新创业带头人，深入实施农村创新创业带头人培育行动，不断改善农村创新创业生态，完善乡村企业家培训体系，培养一支在乡村振兴中杰出的创新创业队伍，促进创新驱动发展战略在乡村落地生根，助力乡村振兴。建立乡村创新创业带头人培育支持系统，形成乡村创新创业良好的新生态。各级党委和政府应充分利用创新型国家建设的大好趋势，统筹协调利用各种资源，大力扶持推进乡村创新创业人才建设。市县乡均要建立乡村创新创业人才培养的相应制度，明确创新创业人才培养的目标任务、实施路径、培养方式、考核标准、支持政策，协调各部门各社会组织，筹集专项资金投资建设农村创业创新孵化实训基地，为农村创新创业人才培育提供基础设施和基本设备。选择具有创新创业价值的项目在基地落户，以项目带动创新创业人才培育，借助基地资源广泛开展乡村

创新创业人才培养。陕甘宁革命老区各级党委和政府要实施创新创业导师队伍建设工程，选拔组建由社会创业成功人士、企业带头人、农民专业合作社负责人、高校创新创业教育工作者、社会创新创业组织专家等人员组成的农村创新创业导师队伍，负责对具有创新意识和创业意愿的乡村人才进行培训。乡村创新创业带头人培训应通过专题培训、实践锻炼、学习交流等方式，传授创新创业基本理论，解读国家创新创业政策，进行创新创业实践训练，带领参观创业成功现场，组织参加创新创业大赛，启发人才的创业意识、创新思维，培养创业精神和创业能力。地方党委和政府要积极鼓励创新创业人才参加"中国创翼"青年创新创业大赛、科技创新大赛、妇女创业大赛等全国性创新创业大赛，组织本地区创新创业竞赛，以赛代练，打磨创新创业项目，让创新创业人才在参加竞赛过程中不断增加对创新创业的认识，提升创新创业能力。各级党委和政府也要制定创新创业奖励实施办法，为创新创业者协调融资贷款，出台创业减免税政策，对在创新创业领域做出贡献的人才进行物质奖励和荣誉奖励，建立激励机制，鼓励乡村人才自主创新、自觉创业，营造良好的创新创业氛围。

二是要加快培养农村电商人才。随着我国互联网产业迅速发展，农村电子商务呈现出良好的发展态势，农村电商已经进入寻常百姓家，影响着农村产业发展和农民的生活，改变了人们的生活方式。在陕甘宁革命老区，特色农产品的电商快速发展，但农业电商人才匮乏已经成为制约农村电子商务可持续发展的重要瓶颈，加快农村电商人才培养是推动乡村振兴的必然选择。陕甘宁革命老区各级党委和政府要将农村电商人才培养纳入本辖区重点工作之中，打造农业特色产业，构建特色产业品牌，以良好的特色产业基础推动农村电商产业发展。政府要实施农村电商人才培养工程，构建地方性电商人才培养体系，形成高校、企业、电商业主联合人才培养模式。政府应与高校对接，采用订单式培养高级电子商务人才，在高校招生中实施"革命老区电商人才专项"，被录取对象入校前与地方政府、培养高校签订三方协议，承诺毕业后返回乡村从事电商工作，解决农村电商高级人才不足的问题。聘请高校和研究院所电子商务专家对农村电商人才进行直播电商、短视频电商、社群电商等方面人才培训，以电商网站搭建、网店装修、网店商品加载、网店宣传等作为培训基础内容，以直播电商场景设计、短视频录制剪辑、直播带货销售技巧等内容为重点，采用在线学习、专题讲座、现场答疑辅导指导、电商沙龙、专题研讨等方式对农村电商人才进行培训。严格电商人才培训考核，对培训人员考核设置符合当地实际的考核评价标准，每次培训结束后对培训对象进行合格性考核，考核合格者分成等次评定专业技术资格，考核不合格者要求其继续参加培训，确保农村电商人才培训的实效性，成绩优秀者可以纳入本地电商师资队伍。培训农村电商人才，应该以本地特色农产品营销作为培训效果检验的手段之一，在规定时间内让参训者借助现有电商平台，充分利用人际关系进行产品营销，以产品营销效果作为评价标准之一，这样不仅可以达到培养农村电商人才的目的，也能带动乡村电商产业进一步发展。

三是加快乡村工匠培育。按照市县乡三级分级开展"大国工匠"评选活动，深度挖掘乡村优秀手工业者及传统艺人，对当地评选出的乡村工匠予以表彰奖励，在工艺传承方面给予各种支持，弘扬地方文化，传承工匠技艺。建议地方政府通过设立名师工作室、大师传习所、开设工匠学校等形式，为乡村工匠人才培养提供培训场所和经费，开展传统技艺培训，培养工匠精神，传承发展传统技艺。陕甘宁革命老区市县政府应该和延安大学、陇东学院、北方民族大学、各地区职业技术学院等地方性院校合作，设立皮影技术、唢呐吹奏、剪纸艺术、陇绣艺术、香包制作、木刻工艺等应用型专业或者短期培训班，开展传统技艺传承人教育，培养陕甘宁革命老区特色技艺传承人。在传统技艺人才聚集地设立工作站，开展研习培训、示范引导、品牌培育。支持鼓励传统技艺人才创办特色企业，带动发展乡村特色手工业。举办传统技艺大赛，表彰大赛中表现突出的优秀技艺达人，营造学习传统技艺、传承传统技艺的氛围，大力宣传民间传统技艺，通过传统技艺产品增加农民收入，推进乡村人才建设。

三、加快乡村公共服务人才培养

陕甘宁革命老区实现乡村振兴，需要大量教育、医疗卫生、信息技术、旅游产业、文化体育事业发展的公共服务人才，各级党委和政府要根据当地产业和事业发展的实际需要，加大人才建设投入，制订公共服务人才建设规划，理顺各类人才之间的关系，全方位、多形式培养公共服务人才，支撑革命老区乡村振兴事业。

一是要加强乡村教师队伍建设。陕甘宁革命老区市县乡党委和政府要高度重视乡村教育事业发展，为中小学配备数量充足、质量合格的乡村教师，为革命老区乡村教育提供师资保障。落实城乡统一的中小学教职工编制标准，按照教育部规定的中小学生师比18：1的标准配齐乡村教师，按适当比例配备音乐教师、美术教师、体育教师，保证教师数量，为乡村中小学生德智体美劳全面发展提供师资保障。继续实施革命老区、民族地区人才支持计划、教师专项计划、特岗教师计划和银龄讲学计划，引导青年教师到农村支教，保障偏远山区中小学教学质量。实施青年教师进修培训计划、在岗教师轮训计划，充分利用寒暑假对教师所任课程的课程改革、教学方法、教学理念等进行培训，可选派区域内有一定影响力的高级教师或者大学从事教育教学研究的专家担任培训教师，可在一定区域内选择省级园丁、优秀教育工作者、教学能手举办公开示范课，增强示范带动作用，提高教师的教学水平。加大乡村骨干教师培养力度，精准培养本土化优秀教师，对于立志服务家乡的教师，政府要适当增加其岗位津贴、艰苦边远地区生活补贴，支持其长期服务乡村教育。改革完善"国培计划"，让每名乡村教师都能接受知识更新和能力提高的培训。深入推进"互联网+义务教育"，保证乡村中小学互联网信息畅通，加大对学校信息化教学设备的投资力度，实行"线上+线下"混合式教学，实现优质教学资源信息化共享，全面提升乡村教学质量。进行乡村教师职称评审改革，采用教学成果、教学质量评估、从事教育工作年限等多种评价指标，适当放宽评审条件，分级分类进行职称评定。对长期在乡村学校任教的教师，职称评审可按规定"定向评价、定向使用"的原则，高级岗位实行总量控制、比例单列，可不受所在学校岗位结构比例和高级教师职数限制。落实好乡村教师生活补助政策，加强乡村学校教师周转宿舍建设，按规定将符合条件的乡村教师纳入当地住房保障范围，在其购买住房时给予一定资金补助，保障乡村教师住得舒心，工作安心。

二是要加强乡村卫生健康人才队伍建设。随着经济社会发展，人民对于身体健康更加重视，对医疗服务的需求逐渐增加，乡村卫生健康人才需求也同步增加。陕甘宁革命老区大部分农村属于山区，地广人稀，居住分散，交通不便，部分村庄甚至没有卫生所，农民看病难的问题依然存在。鉴于此，革命老区各级政府要统筹卫生健康资源，建立县、乡、村三级公共卫生服务系统，引进高水平的执业医师到乡村服务，保护人民身体健康和生命安全。各级政府要按照国家服务人口1%左右的比例配备卫生服务人员，以县为单位每5年动态调整乡镇卫生院人员编制总量，允许编制在县域内的医护专业技术人员统筹使用，根据工作需要灵活调整，用好用足空余编制，建议将具备高级职称的医师作为乡镇卫生院负责人，每个乡镇卫生院至少配备1~2名全科主治医生，乡镇卫生院应至少配备1名公共卫生医师，避免偏远落后地区高级医师下不去、医生能力不足的现象发生。推进乡村基层医疗卫生机构改革，公开招聘医疗服务人员，艰苦边远地区县级及基层医疗卫生机构可根据情况适当放宽学历、年龄等招聘条件，对急需紧缺卫生健康专业人才可以采取面试、直接考察等方式公开招聘录用。积极推动中医人才培养，弘扬中医文化，利用岐伯故里、皇甫谧中医世家等特有的中医技术资源，在各医院挖掘中医优秀人才作为师资，培训乡村中医人才，传承中医药文化，造福乡村人民。深入实施全科医生特岗计划、农村订单定向医学生免费培养和助理全科医生培训，选派优秀高中毕业生就读甘肃中医药大学、陕西医科大学等医学院学习，毕业后返乡从事医务工作，充实乡村医疗人才队伍。支持陕甘宁革命老区8个地级市二级及以上医院在职或退休医师到乡村基层医疗卫生机构多点执业，开办乡村诊所，充实乡村卫生健康人才队伍。完善乡村基层卫生健康人才激励机制，落实职称晋升和倾斜政策，优化乡镇医疗卫生机构岗位设置，按照政策合理核定乡村基层医疗卫生机构绩效工资总量和水平。优化乡村基层卫生健康人才能力提升培训项目，加强在岗培训和继续教育。落实乡村医生各项补助，逐步提高乡村医生收入待遇，做好乡村医生参加基本养老保险工作，深入推进乡村全科执业助理医师资格考试，推动乡村医生向执业（助理）医师转化，引导医学专业高校毕业生免试申请乡村医生执业注册。鼓励免费定向培养一批源于本乡本土的大学生乡村医生，多途径培养培训乡村卫生健康工作队伍，改善乡村卫生服务和治理水平。

三是要加强乡村文化旅游体育人才队伍建设。在健康中国风引领下，全民健身运动已经普及，陕甘宁革命老区全民健身步入新阶段，体育产业快速发展，文化旅游蔚然成风，节假日乡村一日游成为城市人休闲娱乐的主要方式。纵观三省区8个地级市的乡村，旅游资源开发不足，旅游品牌建设滞后，文化传播管理混乱，急需文化旅游体育人才进驻农村，培育本土优秀的文化旅游体育人才，进一步推动陕甘宁革命老区乡村文化旅游事业发展。各级党委和政府要制定政策鼓励文艺人才、体育人才到农村工作，完善文化和旅游、广播电视、网络视听等专业人才扶持政策，培养一批乡村文艺社团、创作团队、文化志愿者、非遗传承人和乡村旅游示范者。政府应大力倡导文化传播者成立演艺公司，汇聚并培养乡村传统艺术人才，传承陕北民歌、陇东道情、陕北说书、西北民族风等陕甘宁革命老区特色文化，创作符合时代的文艺作品，将新时代精神通过传统曲艺人才发扬光大。通过戏曲大赛、民歌竞赛、民族体育运动会、健身健美比赛、广场舞大赛等形式，选拔培养地方文化体育人才。大力支持乡村旅游事业发展，借助陕甘宁革命老区独有的黄土高原特色风景和特色农产品种植田园风光，打造乡村旅游景点、农耕文化景点、窑洞文化景点、红色革命教育基地，培养旅游解说员、旅游服务管理人才，推动乡村旅游事业发展，助推乡村振兴。通过举办陕甘宁革命老区美食节，选拔美食品牌，以此带动乡村饮食文化发展，培养饮食文化传承人。鼓励城市运动员、教练员、体育专业师生、体育科研人员参与乡村体育指导志愿服务，为乡村本土人才培养做贡献。

四、加快乡村农业科技人才队伍建设

陕甘宁革命老区是我国主要的小杂粮生产区，具有深厚的农耕文化底蕴，在现代农业农村发展过程中，新技术、新科技已经融入传统农业，需要大量农业科技人才。各级党委和政府要根据本地区农业产业和农村产业发展需要，统筹协调利用各类农业农村科技人员，加快培养乡村科技人才。

一是要培养农业农村高科技领军人才。陕甘宁革命老区要积极响应国家重大人才工程、人才专项优先支持农业农村领域，推进农业农村科研杰出人才培养，各地区根据农业科技发展实际需要，设立农业科技领

军人才奖，届次化评选优秀人才，如甘肃省的"333"人才奖、"555"人才奖、青年科技成才奖，对获奖个人和团队给予奖金及专项科研经费支持，提升高科技人才持续推进科研的信心，解决科研中遇到的问题。鼓励各地实施农业农村领域"引才计划"，引进在本地区农业生产经营领域有突出研究成果的国内专家学者，带领本地科研团队研究当地亟须解决的农业农村问题，加快培育一批高科技领军人才。支持青年学者开展科技研究，加强优秀青年后备人才培养，突出服务基层导向，对于在基层做出突出贡献的科技人才予以重奖，引导青年向他们学习。支持高科技领军人才按照有关政策在国家农业高新技术产业示范区、农业科技园区等落户。

二是要培养农业农村科技创新人才。陕甘宁革命老区要建立农业农村科技创新人才库，充分发挥农业科学研究院、林业科学研究院等地方农业科技研究机构人才作用，研究本地区农业生产经营问题，开展乡村农业技术人才培训，普及农业科学知识，培养乡村农业科技人才。地方政府要依托现代农业产业技术体系、农业科技创新联盟、现代农业产业科技创新中心等平台，召开农业技术博览会，邀请科技人才将其创新成果进行展览，带领科技人才参加杨凌农业高新技术博览会，借此启发农业科技人才创新，进而发现人才、培育人才、凝聚人才。加强农业企业科技人才培养，重视当地涉农企业人才建设，将农业企业纳入科研项目申报单位，支持企业研发人员从事农业科学研究。健全农业农村科研立项、成果评价、成果转化机制，完善科技人员兼职兼薪、分享股权期权、领办创办企业、成果权益分配等激励办法。

三是要培养农业农村科技推广人才。推进农业技术推广体系改革与创新，完善公益性和经营性农技推广融合发展机制，允许提供增值服务合理取酬。全面实施农技推广服务特聘计划，深化农技人员职称制度改革，突出业绩水平和实际贡献，向服务基层一线人才倾斜，实行农业农村科技推广人才差异化分类考核。实施基层农技人员素质提升工程，重点培训年轻骨干农技人员，建立健全农产品质量安全协管员、信息员队伍。政府要进行政策倾斜，帮助各乡村地区培养相关技术的推广人才，让更多人愿意加入农业技术推广的工作中去，尤其是农业方面的专业人士，学习到足够的理论知识后，可以更好地进行农业专业知识的培训，同时又能到田野里进行实践，增加了更多的实践经验。鼓励地方对"土专家""田秀才""乡创客"发放补贴，开展"寻找最美农技员"活动。引导科研院所、高等学校开展专家服务基层活动，推广"科技小院"等培养模式，派驻研究生深入农村开展实用技术研究和推广服务工作。农业科技人才培训可采用集中培训，根据各部门、推广和科研等机构的不同需求，采取集中办班和现场培训等方式进行培训；还可以采用各类"移动课堂"，整合微信群、公众号、网络学习APP，定期推送学习内容，开辟留言通道或交流公屏；基地示范，邀请"三农"专家或党政科技人才前来授课，并且深入实地实践，通过集培训、实验、示范为一体，有力地促进乡村人才队伍建设工作的开展。特别是"基地+农户"的培训方式，要扶持建设一批农民大型实践培训基地，让人才在基地得到体验式培训，增强其对科研成果的认识，提高其推广农业科技的水平。

四是要发展壮大科技特派员队伍。坚持政府选派、市场选择、志愿参加原则，完善科技特派员工作机制，拓宽科技特派员来源渠道，逐步实现各级科技特派员科技服务和创业带动全覆盖。政府要在市级农业技术推广中心、农牧局、农科院、地方涉农院校等机构选拔具有扎实研究基础、丰富农业农村工作经验的专家学者作为科技特派员，深入基层一线开展农业技术传播，指导农业生产实践，培养农民专业技术员；要进一步完善优化科技特派员扶持激励政策；持续加大对科技特派员工作支持力度。政府要推广利益共同体模式，支持科技特派员领办、创办、协办农民合作社、专业技术协会和农业企业，给予企业技术指导和智力支持。

五、加快乡村治理人才培养

乡村治理是推进乡村振兴战略实施的基础和重要举措，培养思想先进、管理能力强、执行力强、责任心强的乡村治理人才队伍，是全面提升乡村建设水平的重要保证。陕甘宁革命老区各级党委要整合乡村各级各类管理人才资源，对其进行专业培训和训练，提高治理队伍素质，增强其服务乡村的能力。

一是要加强乡镇党政人才队伍建设。各县党委在乡镇一把手干部选拔任用时，选优配强乡镇领导班子特别是乡镇党委书记，健全从乡镇事业人员、优秀村党组织书记、到村任职过的选调生、驻村第一书记、驻村工作队员中选拔乡镇领导干部常态化机制，将具备乡村工作经验的干部作为基层一把手干部。实行乡镇编制专编专用，明确乡镇新录用公务员在乡镇最低服务年限，规范从乡镇借调工作人员。落实乡镇工作补贴和艰苦边远地区津贴政策，确保乡镇机关工作人员收入高于县直机关同职级人员。落实艰苦边远地区乡镇公务员考录政策，适当降低门槛和开考比例，允许县乡两级拿出一定数量的职位面向高校毕业生、退役军人等具有本地户籍或在本地长期生活工作的人员招考。① 加强乡镇党委书记和乡镇长培养力度，开办乡镇党委书记、乡镇长培训班，宣讲党和国家乡村政策。建立科学的轮训制度，定期组织其参加党校培训，宣讲习近平新时代中国特色社会主义思想、国家法律和地方性法规，使其坚定理想信念，强化政治理论武装，夯实服务群众思想，改进工作方式方

---

① 中共中央办公厅、国务院办公厅印发《关于加快推进乡村人才振兴的意见》［J］. 中华人民共和国国务院公报，2021（17）：22-28.

法，提升乡村治理能力。开展乡村工作业务培训，提高乡镇党政干部处理群众事务、做好群众工作的能力，更好为群众服务。

二是要加强村党组织带头人队伍建设。坚持把政治标准放在首位，选拔思想政治素质好、道德品行好、带富能力强、协调能力强，公道正派、廉洁自律、热心为群众服务的党员担任村党组织书记。注重从本村致富能手、外出务工经商返乡人员、本乡本土大学毕业生、退役军人中的党员里培养选拔村党组织书记。对本村暂时没有党组织书记合适人选的，可从上级机关、企事业单位优秀党员干部中选派，有条件的地方也可以探索跨村任职。全面落实村党组织书记县级党委组织部门备案管理制度和村"两委"成员资格联审机制，实行村"两委"成员近亲属回避制度，净化、优化村干部队伍。加大从优秀村党组织书记中考录乡镇公务员、招聘乡镇事业编制人员力度。县级党委每年至少对村党组织书记培训1~2次，支持村干部和农民参加学历教育。坚持和完善向重点乡村选派驻村第一书记和工作队制度。

三是要落实"一村一名大学生"培育计划。鼓励各地遴选一批高等职业学校，按照有关规定，根据乡村振兴需求开设涉农专业，支持村干部、新型农业经营主体带头人、退役军人、返乡创业农民工等，采取在校学习、弹性学制、农学交替、送教下乡等方式，就地就近接受职业高等教育，培养一批在乡大学生、乡村治理人才。进一步加强选调生到村任职、履行大学生"村干部"有关职责，按照大学生"村干部"管理工作，落实选调生一般应占本年度公务员考录计划10%左右的规模要求。鼓励各地多渠道招录大学毕业生到村工作，扩大高校毕业生"三支一扶"计划招募规模。

四是要加强农村社会工作人才队伍建设。加快推动乡镇社会工作服务站建设，加大政府购买服务力度，吸引社会工作人才提供专业服务，大力培育社会工作服务类社会组织。加大本土社会工作专业人才培养力度，鼓励村干部、年轻党员等参加社会工作职业资格评价和各类教育培训，持续实施革命老区、民族地区、边疆地区社会工作专业人才支持计划。加强乡村儿童关爱服务人才队伍建设。通过项目奖补、税收减免等方式引导高校毕业生、退役军人、返乡入乡人员参与社区服务。

五是要加强农村法律人才队伍建设。加强农业综合行政执法人才队伍建设，加大执法人员培训力度，完善工资待遇和职业保障政策，培养通专结合、一专多能执法人才。推动公共法律服务力量下沉，通过招录、聘用、政府购买服务、发展志愿者队伍等方式，充实乡镇司法所公共法律服务人才队伍，加强乡村法律服务人才培训。以村干部、村妇联执委、人民调解员、网格员、村民小组长、退役军人等为重点，加快培育"法律明白人"。培育农村学法用法示范户，构建农业综合行政执法人员与农村学法用法示范户的密切联结机制。提高乡村人民调解员队伍专业化水平，有序推进在农村"五老"人员中选聘人民调解员。完善和落实"一村一法律顾问"制度。

第三节　强化乡村教育事业建设

百年大计，教育为本；教育大计，教师为本。基础教育是人受教育之先导，是人才培养的根本。人只有在不断教育中才能健康成长，获取知识，提升修养，增长能力，在专业训练和社会磨砺中转变成对社会有用的人才。乡村人才培养，必须强化基础教育，让人才资源在义务教育阶段开始就享有良好的教育条件，打好乡村人才建设的基础。陕甘宁革命老区各级政府应整合教育资源，优先保障基础教育，牢固树立夯实基础教育的思想，充分利用国家教育政策，加大农村基础教育投资，全面实施乡村职业教育，为乡村建设培养人才。

一是加强乡村基础教育。陕甘宁革命老区各级政府要特别重视乡村基础教育事业发展，协调统筹乡村教育资源，加大边远山区义务教育投资，改善学校的教学仪器设备，提高乡村中小学教学质量。促进乡村教育资源公平合理分配，在县域内，教育主管部门要统筹教育资源，在教师队伍建设、教材建设、教学设施建设等方面，调配好资源，建设城乡一体化教育体系，确保乡村学生能够享受到城市学生享有的教学环境和条件。实施幼儿启智工程，在各村设立幼儿园，配备具有专业技术水平的幼儿教师，启发儿童的心智，培养孩子从小养成良好的生活学习习惯，为将来成才打下坚实的基础。借助国家支持西部教育事业发展的各项政策，采购现代化信息化教学设备，每所乡村学校均需配备多媒体设备，引进在线教学资源，开阔中小学生的视野，帮助学生树立远大理想。加强乡村师资队伍建设，采用引进、培训、进修等方式补充乡村教师人员不足、能力不足的现实，提升教师开展教育教学工作的能力。

二是加快发展农村职业教育。加强农村职业院校基础能力建设，优先支持高水平农业高职院校开展本科层次职业教育，采取校企合作、政府划拨、整合资源等方式建设一批实习实训基地。支持地方院校和职业院校加强涉农专业建设、开发技术研发平台、开设特色工艺班，培养基层急需的专业技术人才。鼓励退役军人、下岗职工、农民工、高素质农民、留守妇女等报考高职院校，可适当降低文化素质测试录取分数线，对其进行专门实用技术培训，提高其生存发展能力。[1] 各级政府充分利用国内外先进的远程网络，以及电视和报纸等多媒体农业教育资源，开设可视化教学培训，充分利用在线教育资源规模大、覆盖范围广、内容

---

① 陈娜. 让乡村人才留得安心更有信心［J］. 农村财务会计，2021（3）：11-13.

多样、成本相对较低的特点，满足广大乡村人才自我学习提高的需要。鼓励乡村人才到各类农业研究机构、高校、农业技术学校、农村成人教育学校以及农民职业技术学院培训进修，学习丰富的农业理论知识和专业技术知识。各培训学校也要采用弹性学制，长期学习和短期培训结合，为考核合格者颁发结业证书和毕业证书。学习者在获取证书后，政府要给予一定的奖励政策，并将其纳入本地人才库，作为乡村建设的重要人才资源加以利用。政府不定期邀请优秀企业家和致富能手分享其成功经验和成就，激励和带动其他乡村人才进行学习和借鉴。各级政府要着眼于社会转型发展和未来战略需要，加强职业技术教育，提高办学层次和水平，"订单式"培养专业技能型实用人才。聚焦民生领域产业项目，筹建省级、市级院士工作站、博士后野外工作站、专家工作站、流动专家工作站等；举办青年学者论坛，邀请国内外专家参与人才战略研讨，尝试与西部高校达成合作意向；充分发挥商协会、共青团、妇联、科协、工商联等作用，为事业发展培养集聚人才。

第四节　优化乡村人才发展环境

陕甘宁革命老区要实现乡村人才振兴，必须构建引才育才政策机制，加快改革乡村人才建设制度，加快农村基础设施和公共服务设施建设，加快发展农村优势产业，为吸引人才、留住人才、培育人才、使用人才提供可靠的政策环境、制度环境、产业发展环境、社会生活环境、良好的居住环境，通过环境条件改善，筑好"巢"，修好路，建好乡村，优化乡村人才发展环境，吸引"凤"来聚集，激励人才在乡村建设中建功立业。

一是创造良好的人才工作环境。地方政府要做好人才工作环境优化，为人才在乡村工作创造舒适的工作环境，最大限度发挥人才作用。各级政府应在镇建立乡村人才咨询服务窗口，实行人才服务岗位化。服务窗口可提供技术咨询、信息查询、政策讲解、疑问解答等系列化服务，并实施"最多跑1次"清单工作法，让乡村人才的问题能够高效率解决，少跑路，把事件办结量和办结实效作为考核公职人员的一项指标。地方政府要不断优化土地使用、政策优惠、工商登记、投资准入、金融支持、税费征收、项目建设政策，鼓励乡村人才留村工作。地方政府要优化营商环境，营造充满活力的创新创业环境，通过成立产业园区双招双引服务团队，为前来投资的企业和个人提供政策解答，协助协调当地关系，解决融资问题，加强金融政策扶持，不仅要留住"自家人"，也要回引"本乡人"，吸引"外来客"。营造良好的创新创业氛围，通过聘请创业成功人士现场传授经验、现身说法，鼓励乡村创新创业人才积极参与国、省、市、县创业创新大赛，宣传创业故事和创客典型事迹，提升意向创业者创业信心，形成"大众创业、万众创新"的良好文化环境，引导乡村创新创业深入发展。

二是改变乡村人才办公环境。加强村部及其设施设备建设，为人才进驻乡村开展工作创造良好的办公环境。首先是改变当前乡（镇）人民政府、便民服务中心办公环境简陋的现状。陕甘宁革命老区农村地区大部分乡镇党政人才留不住的原因就是因为乡镇的交通条件和办公环境与他们生活的城市有天壤之别，交通便利性差，办公地偏僻遥远且没有准点的班车，办公室破烂不堪甚至是危房，部分乡镇对非本乡镇的人员不提供宿舍或者宿舍条件简陋，吃住行问题得不到保障，导致乡村党政人才缺乏归属感，待不久、留不住。因此必须高度重视提高城乡办公环境均等化水平，改善乡镇办公基础设施条件，为乡村党政人才提供通信、网络、食宿、交通等保障，让乡村党政人才留得住。其次是保障除乡镇人民政府、便民服务中心服务工作人员以外的办公环境。目前，除乡村党政人才、部分村五职干部外均无固定办公地点，应该充分利用各村（社区）党员活动室、图书室，让各类人才能把其作为活动阵地，加大交流和学习，定期利用远程教育、网络设备等进行集中培训，让人才有汇集之所、交流之地。

三是优化乡村产业发展环境。产业发展是人才需求的重点区域，各级政府要根据国家政策支持，结合当地产业发展实际，多种形式发展乡村产业，以产业带动乡村人才发展。政府要制订产业发展规划，确定关键产业和主导产业，增加产业发展投资，培育龙头企业，建立科技示范园、创新创业园，为乡村人才施展才华提供场所。在陕甘宁革命老区乡村，要把特色产业发展作为吸引人才、留住人才的主要手段之一，建立苹果产业发展集中区、小杂粮产业发展集中区、蔬菜瓜果生产集中区、黑山羊养殖集中连片区、黄花菜生产带、黄牛养殖基地等人才施展才华的平台、场景，形成规模化发展趋势，增强对人才的吸引力。借助本地特色产品，扶持农产品加工业，在酿酒、酿醋、果品加工、饮料生产、民俗文化产品生产等领域基于必要的项目建设和资金支持，造就一批专业技术人才，为人才发挥作用提供必要条件。建立产、学、研、用四位一体的协同培育模式，鼓励产业园区内入驻的企业、高校与科研院所以参股、成果转让等方式进行深度合作，既能有力推动相关产业转型升级，也能更好培养实践型、应用型人才；探索开展"专业技术人才服务企业行动"，通过保留身份、物质激励等方式，鼓励各类专业技术人才加快向园区和企业集聚；筹建科技成果综合实验及示范基地，集聚优秀乡村人才创新创业，助推技术快速实现产业化。要让外来和本地的人才得到施展才学的舞台，营造出"人人努力成才、人人皆可成才、人人尽展其才"的氛围，为推动创新创业发展提供政策保障和智力支持。陕甘宁革命老区很多农村一定程度上还存在着科技教育资源"多而不强"、科学技术创新缺乏突出成果的短板，只有创新成果及时转化，人才资源才能不断集聚，创新才能更加蓬勃、更有朝气。运用市场化手段，让人才、产业、科研项目等互动耦合，尽最大可能支持高校科研院所人才团队到乡村组建研发机构或实践基地，内引驻地高校和科研院所参与，外引国内名校的师资、技术、平台等高端资源，用资本的力量撬动成果转化。建立科研成果、技术入股等政策，使人才以技术成果入股企业或者科技推广项目，实现新技术孵化，既支持了乡村产业发展，也激励团队全力以赴，推动新技术及时孵化，科研成果及时变现，带动乡村人才发展。

参考文献

一、期刊文献

[1] 白杰峰，魏久朋.十九大以来关于实施"乡村振兴战略"若干问题研究述评 [J].新疆农垦经济，2018 (3).

[2] 柏洁.加快乡村人才队伍建设，助推乡村振兴战略实施对策建议 [J].国际公关，2022 (7).

[3] 陈凤.论乡村振兴战略背景下的乡村人才队伍建设 [J].农村经济与科技，2020, 31 (5).

[4] 陈华平，黄虹霏.赣南革命老区乡村人才振兴的路径、模式、经验与启示 [J].老区建设，2023 (4).

[5] 陈元旭，郑晗，吕晓岚.中央公益性地质调查队伍高层次科技人才培养研究 [J].中国国土资源经济，2013, 26 (10).

[6] 谌力铭.乡村振兴背景下农村人才培养问题探究 [J].农村经济与科技，2020 (11).

[7] 程华东，惠志丹.乡村人才振兴视域下农业高校人才培养的困境与出路 [J].中国农业教育，2019, 20 (6).

[8] 丁文锋，马景，马天昊.乡村人才振兴的战略地位与实现路径 [J].农经，2021 (6).

[9] 高迎宾.论战略性人力资源管理在企业管理中的作用 [J].经济与社会发展，2006 (3).

172

［10］葛晶.推进沈阳城乡经济协同发展的对策研究［J］.辽宁经济管理干部学院学报,2022（1）.

［11］韩兵.打造乡村人才振兴"新引擎"［J］.中国人才,2023（6）.

［12］何理,阳斌.中国共产党人才选拔思想发展探要［J］.聊城大学社会学报,2012（5）.

［13］何宪.探索乡村人才工作新路子［J］.乡村振兴,2021（11）.

［14］洪润.乡村人才队伍建设的问题与对策［J］.农村·农业·农民（A版）,2024（4）.

［15］侯文学,庞铃.广西农村空心化问题的表征、成因及对策［J］.百色学院学报,2021（6）.

［16］胡学英,何文靓.持续推进乡村全面振兴,构建时代"五美"乡村——以江西为例［J］.山东农业工程学院学报,2022（1）.

［17］黄波.乡村振兴背景下的人才流失问题对策与分析［J］.农村实用技术,2022（4）.

［18］黄珺.乡村振兴背景下科学建设人才支撑体系的重要性［J］.现代商贸工业,2022,43（24）.

［19］姜洪桥.国有企业探索人力资源现代化管理［J］.中外管理导报,2001（9）.

［20］姜晓丽.乡村振兴战略下农村社会工作人才队伍建设研究构架［J］.农业工程技术,2023,43（14）.

［21］李超.用好红色资源传承红色基因［J］.群众,2021（19）.

［22］李格格.农村公共卫生服务供给侧改革研究［J］.农业经济,2023（3）.

［23］李志平.本科大学师资队伍建设的四个基本问题解读［J］.黑龙江高教研究,2009（3）.

［24］梁静.乡村人才振兴的现实困境与破局进路［J］.北京农业职业学院学报，2022（7）.

［25］临沂市农业农村局.临沂乡村振兴典型案例（十五）［EB/OL］.临沂市人民政府，2021-01-04.

［26］刘春怡.新时代背景下乡村人才振兴的路径探析［J］.南方农机，2023（7）.

［27］刘冬妮.党建引领让"红色基因"融入发展血脉——中盐红四方用好红色资源、传承红色基因纪实［J］.中国盐业，2023（20）.

［28］刘合光，缴旭.打造担当乡村振兴使命的人才队伍［J］.中国人才，2021（5）.

［29］刘葭.乡村振兴战略背景下乡村人才建设中存在的问题及对策［J］.智慧农业导刊，2022（17）.

［30］刘嘉怡，王斌，陈易群，等.农业科技创新推动乡村振兴：困境、逻辑及路径［J］.商展经济，2024（7）.

［31］刘艺，张珊珊，蒋培铭.村镇医疗卫生机构的功能提升与优化配置策略［J］.建筑学报，2021（23）.

［32］欧阳雪梅."让红色基因代代相传"——深入学习领会习近平关于传承红色基因的重要论述［J］.党的文献，2024（1）.

［33］盘慧霞，陈涛.乡村振兴背景下人才回流的困境及对策研究——以广西恭城县为例［J］.延边党校学报，2023（3）.

［34］钱宇，陈丽莎.乡村振兴战略背景下乡村人才短缺问题研究［J］.山西农经，2021（22）.

［35］孙虎.坚持党建引领，推动产业振兴［J］.党建研究，2022（7）.

［36］孙利.树立和落实科学的人才观［J］.奋斗，2015（4）.

［37］汤文华，邓妍.新时代乡村人才振兴机制研究［J］.贺州学

院学报，2021（12）.

[38] 滕淑慧. 城镇化对经济增城的影响——以甘肃省为例 [J]. 产业创新研究，2022（8）.

[39] 王富忠. 乡村振兴战略视域下乡村人才机制建设研究 [J]. 农业经济，2020（8）.

[40] 王静. 树立科学的人才观 [J]. 法制博览，2019（4）.

[41] 王美溪，白春明，张天柱. 乡村人才振兴的地方实践——以嘉兴"八型模式"人才振兴为例 [J]. 现代化农业，2019（12）.

[42] 王晓东. 论新时代乡村建设行动中的人才队伍建设 [J]. 山西农经，2022（17）.

[43] 王烨冰. 数商兴农目标下城乡数字商务人才培养机制与路径探索 [J]. 商展经济，2024（7）.

[44] 文书生，叶怀珍. 我国国有企业虚拟人力资源管理探索 [J]. 经济体制改革，2005（4）.

[45] 吴佩芬. 十九大以来我国乡村振兴战略研究综述 [J]. 农业经济，2021（1）.

[46] 吴天元. 广西职业教育提质增效推进乡村人才振兴有效衔接的探索 [J]. 市场论坛，2021（9）.

[47] 胥爱贵. 借鉴农业灌溉理念 推动乡村人才振兴 [J]. 农村工作通讯，2021（2）.

[48] 颜冰. 现代企业人力资本与人本管理研究 [J]. 边疆经济与文化，2005（3）.

[49] 杨文才. 乡村要振兴，关键在人才 [J]. 农村·农业·农民，2021（3）.

[18] 叶菲菲. 乡村振兴背景下城乡融合发展的困境与出路 [J]. 农业经济，2020（10）.

［50］用好红色资源传承红色基因［J］．中国共青团，2021（15）．

［51］张启东．筑牢引领资源型城市高质量发展人才之基［J］．党建研究，2021（1）．

［52］张轶侠．数字经济下以财税体制改革推动扩大内需的思考［J］．财政监督，2021（18）．

［53］赵守东，陈士海．培育三支队伍，助力乡村振兴［J］．农民科技培训，2020（2）．

［54］中央农办．打造乡村振兴人才队伍，加快实现农业农村现代化——中央农办负责人解读《关于加快推进乡村人才振兴的意见》［J］．农民科技培训，2021（4）．

［55］周大鸣，刘重麟．乡村人才振兴与能人返乡创业——以湖南省攸县渌田镇为中心的研究［J］．中国农业大学学报（社会科学版），2023（6）．

［56］卓婧．数字农业经济视角下的农林特色乡村文创人才培养模式探索［J］．武夷学院学报，2022（11）．

［57］邹承东．中办、国办印发加快推进乡村人才振兴意见吸引各类人才在乡村振兴中建功立业［J］．农村经营管理，2021（3）．

［58］邹涛．乡村振兴背景下民族地区乡村人口发展研究——以内蒙古自治区开鲁县为例［J］．农村经济与科技，2023（6）．

［59］左杰婷．职业教育为乡村振兴建立长效人才机制［J］．山西青年，2022（4）．

二、报纸文献

［1］高云才，郁静娴．加快培养一支懂农业、爱农业、爱农民的"三农"工作队伍［N］．人民日报，2021-02-24（1）．

［2］顾仲阳，石羚．推进乡村人才振兴（推动高质量发展）［N］．

人民日报，2021-03-08（10）.

[3] 胡青. 助力乡村人才振兴 加快农创客培育发展（专题深思）[N]. 人民日报，2023-11-15（9）.

[4] 黄欢. 乡村振兴，如何下好人才先手棋 [N]. 中国组织人事报，2024-04-15（1）.

[5] 吉林省人民政府，关于激发人才活力支持人才服务乡村振兴的政策措施 [N]. 吉林日报，2021-05-11（5）.

[6] 宋佳音. 以人才振兴引领首都乡村振兴 [N]. 北京日报，2023-12-10（1）.

[7] 苏农轩，苏组. 聚焦乡村发展动能 [N]. 中国组织人事报，2022-01-05（4）.

[8] 孙超. 注重乡村人才队伍建设（建言·推进乡村振兴）[N]. 人民日报，2018-03-19（11）.

[9] 王瑾. 加强农民教育培训推动乡村人才振兴 [N]. 中国财经报，2024-02-01（8）.

[10] 魏后凯. 实施乡村振兴战略的重大理论与伟大实践 [N]. 中国经济时报，2022-09-09.

[11] 夏士武. 形成推动乡村振兴的教育合力 [N]. 鄂州日报，2019-04-23（2）.

[12] 许贵元. 培育与引进同步抓，加快乡村人才振兴 [N]. 辽通日报，2023-04-13（4）.

[13] 许徐琪. 用好红色资源，传承好红色基因 [N]. 经济日报，2021-06-21.

[14] 杨烁壁. 培养乡村人才的有力举措（快评）[N]. 人民日报，2021-08-29（4）.

[15] 张竟竟. 统筹谋划科学推进乡村振兴战略 [N]. 光明日报，

2018-11-14（7）.

　　［16］张璐.让乡村人才留得下能创业（一线行走）［N］.人民日报，2023-04-21（18）.

　　［17］张曦文.积蓄乡村振兴的"人才力量"［N］.中国财经报，2021-07-06（8）.

三、论文文献

　　［1］蔡海生.地方农业高校服务乡村人才振兴的实践与探索［M］.咸阳：西北农林科学技术大学出版社，2022.

　　［2］陈开勇.特色农业应用型人才培养与力乡村振兴战略研究［M］.成都：四川科学技术出版社，2018.

　　［3］陈丽.乡村振兴战略下的人才培养理论与实践［M］.延吉：延吉大学出版社.

　　［4］陈新.欠发达地区乡村振兴的难点及对策研究［D］.信阳：信阳师范学院，2020.

　　［5］程华东，惠志丹.乡村人才振兴视域下农业高校人才培养的困境与出路［J］.中国农业教育，2019，20（6）.

　　［6］范武迪.陕甘宁革命老区产业化扶贫研究［D］.兰州：甘肃农业大学，2016.

　　［7］管璐瑶.人力资本开发视域下乡村人才振兴研究［D］.石家庄：河北师范大学，2021.

　　［8］何建兴.SY公司人力资源管理体系优化研究［D］.湘潭：湘潭大学，2011.

　　［9］洪润.乡村人才队伍建设的问题与对策［J］.农村·农业·农民（A版），2024（4）.［10］黄珺.乡村振兴背景下科学建设人才支撑体系的重要性［J］.现代商贸工业，2022，43（24）.

［11］冀尧峰．内蒙古边防总队人力资源管理优化研究［D］．呼和浩特：内蒙古大学，2013.

［12］贾冀南．乡村振兴视阈下河北省乡村人才振兴路径研究［M］．北京：中国纺织出版社，2022.

［13］姜洪桥．国有企业探索人力资源现代化管理［J］．中外管理导报，2001（9）.

［14］李俊霞．四川乡村振兴人才支撑战略研究［M］．成都：西南财经大学出版社，2020.

［15］李炎．习近平人才观视域下乡村人才培育研究［D］．太原：山西师范大学，2020.

［16］马丽娟，高万里．特色农业应用型人才培养与力乡村振兴战略研究［M］．西安：陕西科学技术出版社，2021.

［17］莫意清，李韦嫦，韦英权．乡村振兴：构建满足乡村振兴需要的人才体系［M］．北京：光明日报出版社.

［18］牛国勒，刘晓梅，王伟．乡村振兴之农村人才培训［M］．北京：中国农业科学技术出版社，2022.

［19］潘彦．4S品牌专卖店人力资源管理研究策略研究［D］．成都：西南财经大学，2008.

［20］邱文武．石屏县乡村振兴人才队伍建设研究［D］．昆明：云南财经大学，2021.

［21］孙瑞晶．山西脱贫农村生态经济建设研究［D］．太原：山西财经大学，2021.

［22］谭鑫，杨玉霞，张晋豪，等．乡村振兴系列丛书　乡村人才振兴释讲［M］．昆明：云南科技出版社，2023.

［23］谭卓婧．服务乡村振兴战略高职院校创新创业人才培养模式研究［M］．北京：中国纺织出版社，2022.

［24］王富忠.乡村振兴战略视域下乡村人才机制建设研究［J］.农业经济，2020（8）.

［25］王宏甲.走向乡村振兴［M］.北京：中共中央党校出版社，2021.

［26］王金友.扬州市浦头镇乡村人才振兴实施中的问题和对策研究［D］.扬州：扬州大学，2021.

［27］王立胜.《乡村建设行动：县级场域中的知与行》［M］.北京：文化发展出版社，2022.

［28］吴佩芬.十九大以来我国乡村振兴战略研究综述［J］.农业经济，2021（1）.

［29］徐岩.现代国有商业银行HRM创新研究［D］.天津：天津大学，2009.

［30］尹丽崇，彭云，折宝军.乡村人才振兴培训系列教材：农村党员干部培训教材［M］.北京：中国农业科学技术出版社，2022.

［31］袁刚.乡村振兴的时空布局与人才培育［M］.北京：中国财富出版社，2023.

［32］张晓丹，赵建.新型乡村人才培养［M］.北京：中国农业出版社，2022.

［33］张志良.包头市青山区兴胜镇人力资源管理研究［D］.呼和浩特：内蒙古大学，2013.

［34］张子睿.乡村人才振兴概说［M］.北京：中国农业科学技术出版社，2022.

［35］张子睿.乡村振兴创新思维与基础创新方法［M］.北京：民主与建设出版社，2021.

［36］赵鸭桥.乡村振兴与乡村人才建设［M］.长沙：湖南人民出版社，2023.